T0282987

# GUÍA ESENCIAL
## para aprender a redactar

# GUÍA ESENCIAL
## para aprender
## a redactar

### SANDRO COHEN

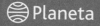 Planeta

Dedico este libro con orgullo
y agradecimiento a mis dos hijas,
Yliana Victoria y Leonora Celia.

También lo dedico a Itziar Alejandre Cearsolo,
la más brillante luz de La Realidad...

# Agradecimientos

Este libro se debe, en gran medida, a las múltiples, minuciosas y amorosas lecturas que Berenice Aguirre Celis y mi hija Yliana Cohen le dedicaron. Sus observaciones y sugerencias me fueron tan iluminadoras como indispensables. También agradezco profundamente los atinados comentarios de mi esposa, Josefina Estrada, y de mi gran amiga Mayán Santibáñez. Las agudas observaciones de Yael Weiss y Ana Luisa Calvillo durante las primeras etapas de la escritura de este texto me sirvieron, asimismo, de gran aliento e inspiración.

# Capítulo 1

## Reflexión preliminar

Este manual ofrece las herramientas necesarias, *esenciales*, para que cualquiera pueda redactar con decoro, corrección y seguridad. En sentido estricto, no es un manual de *estilo* ni mucho menos un libro de gramática. Tampoco pretende remediar problemas de ortografía, pues estos deben analizarse aparte, con otra clase de manual. En estas páginas, en cambio, el lector sí descubrirá cómo funciona el lenguaje escrito, en qué consiste, cuáles son sus partes, cómo se relacionan entre sí, cómo organizarlas y de qué manera emplear la puntuación para que los signos ayuden al lector a comprender lo que uno, como redactor, desea trasmitir por escrito.

En otras palabras, este manual da por sentado que el redactor es un ser pensante, que le *gusta* pensar y que —ahora— desea organizar sus pensamientos y ponerlos por escrito sobre el papel o en documentos electrónicos. Para esto, antes de prender la computadora o —si está chapado a la antigua— empuñar la pluma, solo tiene a su alcance dos conjuntos de instrumentos: palabras y signos de puntuación. ¡No hay más! Y son lo único que se necesita para redactar desde una carta o un informe hasta una tesis doctoral o un libro de ensayos.

Los principios que veremos a lo largo de estas páginas también se aplican a la ficción narrativa y la poesía, pero estos géneros poseen, además, muchas otras reglas y convenciones que en esta *Guía esencial...* no se estudiarán. Para decirlo de otra manera, las reglas generales de la redacción se aplican a toda clase de escritura, pero los géneros creativos tienen, encima, otras consideraciones técnicas que rebasan lo que aquí nos proponemos: aprender a escribir bien cualquier documento formal destinado al dominio académico, comercial, político, periodístico, intelectual o —incluso— personal, en la forma de cartas, memorias, biografía o autobiografía. Si usted desea ejercer sus dotes de novelista, cuentista, poeta, dramaturgo o guionista, este libro lo ayudará indudablemente, pero requerirá —además— otros materiales de estudio y maestros especializados.

La *Guía esencial para aprender a redactar* no perderá el tiempo en nimiedades ni en largas disquisiciones teóricas que para nada ayudan a esclarecer nuestra tarea inmediata: descubrir los mecanismos del lenguaje escrito para dominarlos y usarlos cotidianamente en la escritura. Si bien es cierto que el libro de texto *Redacción sin dolor*, compañero de esta *Guía esencial...*, presenta estos mismos conceptos, en aquellas páginas se desarrollan con mucho mayor amplitud, tomando en cuenta que su lector es alumno dentro de un contexto académico o de un taller práctico, o cuando menos que se trata de una persona con el tiempo suficiente para ir desarrollando por sí sola los conocimientos y habilidades que allí se exponen con gran detalle y muchísimos ejemplos. Y para eso también tiene aquel libro un cuaderno de ejercicios prácticos.

La *Guía esencial para aprender a redactar*, pues, toma de *Redacción sin dolor* sus lecciones fundamentales, *esenciales*, y las organiza de modo sencillo y directo para que el lector pueda aplicarlas de manera inmediata en lo que necesita escribir. Puede afirmarse que la *Guía esencial...* es una versión quintaesenciada de *Redacción sin dolor*. Uno puede estudiarla independientemente para atacar con urgencia problemas de redacción, o como complemento y refuerzo de su hermano mayor. Ambos buscan el mismo fin: dotar al ciudadano actual de las herramientas que necesita para expresarse por escrito con claridad, expresividad y precisión.

No hay tiempo que perder.

# Capítulo 2

## Lo oral y lo escrito: lenguajes emparentados pero diferentes

Antes de entrar en materia, me parece pertinente hacer una aclaración que merece todo un capítulo: el lenguaje escrito es *muy* diferente del lenguaje oral. Si bien es cierto que en ambos podemos usar las mismas palabras y las mismas estructuras gramaticales, es allí donde termina el parecido.

El lenguaje oral es espontáneo; el escrito, producto de la reflexión y el análisis. El lenguaje oral recoge y aprovecha cuanta palabra se nos ocurre en el momento, trátese de voces universales o reconocidas solo en el pueblo, ciudad o país de uno. A veces, al hablar con nuestros conocidos cercanos, usamos ciertas palabras que únicamente comprenden los de nuestro grupo social, profesional, religioso o étnico. Algunas de estas palabras, provenientes de jergas diversas, han entrado en el léxico universal, pero otras muchas solo son comprendidas por los grupos específicos que las generaron. Hay una jerga carcelaria, por ejemplo, y otra estudiantil; existen jergas que nada más usan los abogados o los políticos cuando departen en las cantinas, y las hay que se usan precisamente para confundir a los que no pertenecen al grupo; estas pueden llamarse, con toda justicia, *jerigonzas*. Cuando hablamos con nuestros familiares, amigos, conocidos, colegas, profesores, alumnos, novios, esposos o amantes, sabemos quiénes son y cuál es su contexto social. Sabemos intuitivamente qué palabras usar y de qué manera para que nos entiendan. Y si nos falla esta habilidad se producen situaciones bochornosas. Además, cuando hablamos, disponemos de todo un arsenal de herramientas de las cuales el redactor carece: el tono y el volumen de la voz, la rapidez o lentitud con la cual se habla —y los cambios de velocidad para aumentar el efecto de nuestras palabras—, el lenguaje corporal, contacto visual, gestos y ademanes, el acento... El que escribe —ya se ha visto— solo tiene palabras y signos de puntuación.

Además, el redactor no conoce necesariamente a quienes van a leer su escrito. No sabe cuáles han sido sus experiencias vitales. No puede verlos, y lo más importante: no va a estar allí cuando sus lectores tomen el libro, el periódico, la revista o el informe donde aparecerán sus palabras.

¡No podrá explicar nada si sus lectores no lo entienden! Si en la página escrita se da este desencuentro, lo más seguro es que el lector deje de mortificarse: pasará a otro texto o actividad más agradable, y no habremos comunicado nuestras ideas. Habremos fracasado.

El escritor se encuentra en franca desventaja ante quien se comunica oralmente, pero posee un arma secreta: las palabras escritas permanecen, mientras que las pronunciadas en voz alta se las lleva el viento. Y si uno, como escritor, aprende a dominar las palabras, su significado y su función —junto con los signos de puntuación—, también puede aprender a usarlas para crear cualquier atmósfera, evocar cualquier situación, narrar cualquier episodio con lujo de detalles, explicar cualquier idea, por compleja que sea, con estructuras claras y sencillas, comprensibles para cualquier lector medianamente alfabetizado.

Aunque es cierto que todos los idiomas evolucionan y que resulta imposible detener este proceso, la evolución del lenguaje hablado es equívoca o engañosa. Puede parecer que durante algunos años un idioma tienda a comportarse de cierta manera novedosa, pero de repente puede recuperar viejas formas y olvidarse de las nuevas. Esto se aplica sobre todo al léxico. Los idiomas adquieren y pierden vocablos con gran velocidad. Algunos se quedan y se vuelven universales. Otros se olvidan con mayor o menor rapidez. La palabra que en una época y un lugar pertenece a una jerga, puede ser palabra principal para todos los hablantes 100 años después. Y la que hace 100 años había sido una palabra muy respetada y de aceptación universal, puede pasar al olvido por muchas razones: cambios políticos, tecnológicos, sociales... ¿Quién, en estos días, maneja con soltura los nombres de las miles de partes de una fragata, como las que atravesaban el mar en el siglo XVI? Muy pocos. Esos nombres deben seguir figurando en los diccionarios para que podamos comprender las crónicas, la poesía y las novelas de aquel entonces, pero han perdido la oportunidad de aparecer en las charlas actuales. Se han convertido en arcaísmos.

La gramática, en cambio, evoluciona de modo mucho más lento que el léxico. Entre el *Poema de mío Cid* y *El ingenioso hidalgo don Quijote de la Mancha* (unos 400 años) hay una gran cantidad de cambios gramaticales y muy notorios. De hecho, nos cuesta mucho trabajo comprender el *Poema de mío Cid*. Pero el *Quijote* es una lectura relativamente fácil. Sus personajes y situaciones nos hacen carcajear de manera espontánea. Si bien hay muchas palabras que desconocemos o que ahora poseen otros sentidos —por las razones ya expuestas cuando hablamos de léxico—, pronto las aprendemos y manejamos sin problema alguno. La gramática ha permanecido esencialmente sin cambio desde que la novela fue publicada en 1605. Son poquísimas las diferencias. ¡Y la misma cantidad de años que hay entre la publicación del *Quijote* y la escritura del *Poema de mío Cid*, 400, hay entre el *Quijote* y nosotros!

La gramática evoluciona cada vez más lentamente, por las mismas razones que la mantuvieron a raya entre los siglos XVII y XX: los avances tecnológicos. Fue la imprenta la que puso un alto a la evolución tan veloz de la gramática. Hizo posible que muchísimas personas en lugares muy diversos se entendieran mediante textos comunes. Antes había relativamente pocos libros, todos elaborados a mano; la demás información, que tenía que ser mayor al 99.99%, se trasmitía de modo oral, y en esta oralidad no había cómo detener las transformaciones y mutaciones del lenguaje que se acumulaban con rapidez. En pocos años algunos dialectos del latín pudieron convertirse en idiomas independientes, como el portugués, el catalán, el gallego y el castellano, para no salir de la península ibérica. Ahora, por fortuna, no solo vivimos en la oralidad, y no solo tenemos la imprenta para unirnos, sino también la radio, la televisión, el teléfono, el internet... Escuchamos, vemos y leemos a los españoles, los argentinos, los cubanos y los costarricenses. Nuestra comunidad, aunque inmensa, se ha estrechado. Hay, desde luego, gran cantidad de vocablos que solo se emplean localmente pero nuestra gramática y ortografía son las mismas en Tijuana, México, que en Cádiz, España, o en Lima, Perú.

Debemos usar el lenguaje oral liberal y espontáneamente porque sabemos con quiénes estamos hablando, ¿y para qué reprimirnos, salvo en situaciones formales? Pero el lenguaje escrito tiene que ser mucho más conservador e infinitamente más claro. Cuanto más complejo sea nuestro tema o las ideas que buscamos expresar, más claras y sencillas deben ser nuestras estructuras. Es preciso escoger nuestros vocablos cuidadosamente, pues cada uno tiene la obligación de ser la palabra *justa*. De otra manera, el lector entenderá mal. En el lenguaje oral podemos, descuidadamente, decir algo como «pásame la esa cosa que trae el ese como chueco, y una cosa como colita de puerco», y no habrá gran problema porque la otra persona está viendo hacia donde señala el hablante y puede dejarse guiar hacia el *sacacorchos* o *tirabuzón*. Pero construcciones de esta clase, comunes en el habla cotidiana, se vuelven incomprensibles en el lenguaje escrito: cada objeto, cada acción, cada cualidad tiene la palabra —o las palabras— que la expresan cabalmente. En la escritura no podemos ejercer la política de *manga ancha*. Al contrario: tenemos que ser muy estrictos si queremos que nos comprendan.

Por todo lo anterior, el que pretende escribir bien necesita comprender, de una vez por todas, que la redacción no trata simplemente de poner por escrito las mismas palabras que diríamos en una conversación. La redacción no es una charla o una plática *por escrito*. Eso sería una transcripción, y las transcripciones literales dejan mucho que desear cuando hablamos de claridad, precisión y expresividad en el discurso. Aun así, muchas personas, al sentarse a escribir, se ponen a *platicar* con su lector, e imitan la sintaxis y el léxico de una conversación. Pero como les falta todo lo demás —lenguaje corporal, tono de voz, ademanes, gestos, etcétera—, la escritura queda, en el mejor de los casos, como una pálida sombra de lo que el redactor quería expresar, y en el peor, el texto se comprende poco o nada.

Y esto no es lo más grave. Cuando nos expresamos oralmente no tenemos ninguna necesidad de emplear signos de puntuación. No hay que decir, por ejemplo: «Verónica (coma) (se abre interrogación) sabes a qué hora empieza la clase (coma) la de Matemáticas (se cierra interrogación)». Entre el contexto, nuestro lenguaje corporal, el tono de voz, etcétera, todo cuanto decimos suele quedar perfectamente claro. Pero cuando pasamos a la escritura sin apartarnos de la lógica oral, anotamos nuestras palabras, una tras otra, sin jamás reflexionar en su función gramatical *porque tampoco lo hacemos cuando hablamos*.

Llamaré a quienes proceden así *redactores orales*, frase que evidentemente es una contradicción de términos. Y en esta contradicción estriba el problema principal de la mala redacción. El redactor oral tiene solo vagas nociones acerca de los signos de puntuación. Sabe que existen. Recuerda que algún maestro le dijo en la primaria que «la coma significa una pausa» y que «el punto es una pausa mayor». También le habrán dicho que «el punto y coma es el signo intermedio entre el punto y la coma». Y como sabe que debe meter puntuación en sus escritos, los irá aderezando con puntos, comas y punto y comas según la duración de las pausas que imagina.

El único problema con estas definiciones de coma, punto y punto y coma es que son falsas, no funcionan y crean confusión en el lector. Se resisten a desaparecer de los libros de redacción porque son fáciles de aprender y parecen lógicas. Pero no hay nada más nocivo para la buena redacción que pensar que es necesario emplear una coma *cuando hay una pausa*, y que el punto significa *una pausa mayor* y que el punto y coma *es el signo intermedio entre el punto y la coma*.

Son falsas estas nociones porque la «pausa» es un concepto *oral*, cuando estamos manejando un fenómeno *escrito*. Cualquier texto puede leerse en voz alta de muchas maneras diferentes, con pausas en lugares diversos. Diez lectores harán diez lecturas disparejas, con pausas incluso en lugares insospechados, tal vez para aumentar el suspenso o para crear un efecto dramático. ¿Hay que meter comas en todos los lugares donde uno piensa que, oralmente, debería haber una pausa? ¿Y si uno decide que no habría pausa en cierta parte de la lectura, debe quitar las comas de ahí?

Evidentemente, esto pone al redactor en una posición difícil, como si fuera actor teatral o director de cine. Pero esta es una labor que no le corresponde. Solo le toca escribir bien. Cuando la gente decida leer su texto en voz alta, si elige hacerlo (la mayoría de los textos *no* se leen en voz alta), ya sabrá meter pausas donde mejor le convenga. Seguramente, en muchas ocasiones habrá coincidencias entre comas escritas y pausas orales, pero también habrá muchos momentos cuando haya una coma bien puesta sin ninguna pausa, y pausas donde no haya comas.

La puntuación, entonces, es una herramienta que pertenece cien por ciento al lenguaje escrito y siempre indica las relaciones gramaticales y sintácticas que existen *dentro* de nuestras oraciones y *entre* nuestras oraciones. No habrá ninguna coma, ningún punto y coma ni ningún punto que no tenga una razón de ser gramatical o sintáctica. La mayoría de las veces, el uso de uno u otro signo es absolutamente obligatorio. Pero otras veces puede ser discrecional, y aun cuando el uso de algún signo es discrecional, *existe una razón gramatical o sintáctica para usarlo o dejar de usarlo*. El propósito de este libro, en términos prácticos, se reduce a enseñarle al aprendiz de redactor cómo reconocer, manejar y combinar sus frases y oraciones correctamente y con la puntuación adecuada. Lo demás son detalles...

Para aprender a redactar bien, entonces, es preciso aceptar que las reglas de la escritura son otras. Para que el lector nos entienda, debemos darnos cuenta de que esta comprensión depende de cada una de nuestras palabras, frases y oraciones. El lector parte de ellas para reconstruir en su cerebro las ideas que salieron del nuestro. Él las asimilará y les dará forma. Debemos ir paso por paso, construyendo paulatinamente el edificio de sentido que será nuestra redacción. Si no decimos, por ejemplo, que «era de noche», o si no evocamos alguna acción que ubique los hechos en las horas nocturnas, el lector no tiene cómo saberlo. No podemos dar las cosas por sentadas, como en una charla. Eso sí: nosotros elegimos cómo fijar los detalles, cuándo callarlos, cómo organizar y en qué orden presentar nuestras ideas. El lector va a seguirnos, pendiente de cada palabra, y lo hará gustosamente siempre y cuando lo respetemos, usando un lenguaje claro, con las palabras justas y estructuras que sean comprensibles. El redactor es el lazarillo del lector. Construimos y sostenemos su universo mientras está metido en el texto que hemos escrito, y ese universo descansa únicamente en palabras y signos de puntuación. Si fallamos al lector en este sentido, no hay poder en el mundo que lo obligue a seguir leyendo. Se sentirá burlado, traicionado.

En resumidas cuentas, la gramática, la sintaxis y el léxico del lenguaje oral pueden ser laxos. Puede haber poca precisión y errores de toda laya sin que esto afecte sensiblemente la comprensión entre hablantes, pues como se trata de una conversación, se formulan preguntas, se dan respuestas, se ofrecen explicaciones más detalladas, se corrigen malentendidos al vuelo.

Nada de esto es posible en el lenguaje escrito. Por eso estamos obligados a usar, cuando redactamos, la palabra justa, estructuras gramaticales sólidas, una sintaxis apropiada y la correcta puntuación que aclare las relaciones entre nuestras frases y oraciones. La labor que nos concierne representa una gran responsabilidad. Podemos afectar e influir en muchísimos seres humanos. Ojalá que sea para bien, que podamos trasmitir a distancia —tanto en el espacio como en el tiempo— las ideas que nos son importantes y que hablan fielmente de quiénes somos.

# Capítulo 3

## Nociones indispensables de estructura

Usted quiere escribir. ¿Pero ya sabe, con toda claridad, exactamente *qué* desea escribir? ¿Sabe quién o quiénes podrán ser sus lectores, aunque sea vagamente? ¿Sabe qué puntos desea tocar en su escrito? ¿Tiene claro, además, en qué orden desea presentar estos puntos y por qué? Esto es muy importante. La etapa de la organización de los pensamientos es fundamental, porque si no tenemos la absoluta seguridad de qué deseamos expresar ni cómo, si nuestras ideas aún se encuentran en un estado nebuloso, ¿qué van a entender nuestros lectores? Cualquier escrito que produzcamos tendrá muy poca efectividad.

Por esto, la parte más importante de cualquier escrito viene *antes* de la escritura misma. Si usted aún no tiene mucha experiencia en la redacción —y es lo más probable si está leyendo este libro—, debe realizar tres tareas antes de emprender cualquier escrito de una o más páginas.

1. Hacer una lluvia de ideas acerca del tema que desea desarrollar.
2. Organizar esas ideas, determinar cuáles son principales, y cuáles, secundarias. Es decir, será preciso decidir cuáles solo apoyan o ejemplifican las que sí son básicas. Enseguida, hay que eliminar las ideas que no tendrán cabida en el escrito final.
3. Construir un esquema de trabajo donde los razonamientos del punto 2 queden bien claros.

La lluvia de ideas puede incluir muchos puntos que no figurarán en el escrito final. Eso no es importante. Lo que sí importa es que usted deje fluir todas sus ideas respecto del tema de escritura, que no se censure. Emplee la libre asociación de ideas, el flujo de conciencia. ¡Libérese! Una idea que en el proceso de este borboteo pudiera parecer descabellada o incluso fuera de lugar, podría —a la postre— resultar central para su argumentación, solo que usted no se había dado cuenta de ello *conscientemente*.

A partir del número 2 usted empleará sus dotes de analista y crítico: de todas las ideas que apuntó, ¿cuáles son fundamentales? ¿Cuáles sirven para ejemplificarlas, apoyarlas o profundizar en lo que plantean? Necesita usted separar lo fundamental de lo explicativo y expositivo para que no se confunda entre sus propias ideas, algo que sucede con frecuencia. ¡No se preocupe! Requiere un poco de práctica, pero de ahí no pasa. Pronto dominará este proceso a tal grado que no tendrá que hacerlo por escrito, por lo menos cuando se trate de textos breves. Pero en estas primeras etapas de aprendizaje, se recomienda encarecidamente que los puntos 1 y 2 se realicen con lápiz o pluma en mano, sobre el papel. También se puede hacer con la hoja electrónica en blanco, como sea que uno se sienta cómodo y con más ganas de escribir.

El tercer punto siempre debe realizarse físicamente, sea en papel o en computadora, salvo que se trate de escritos muy breves o que uno ya tenga, mínimamente, entre 10 y 15 años de experiencia profesional. El esquema es imprescindible porque establece la estructura misma de lo que vamos a escribir. Nos permite ver, de golpe, su forma: ideas principales, secundarias; material de apoyo, exposición, ejemplificación. También nos revela en qué orden hemos decidido presentar los materiales, pues no siempre vamos a querer poner la idea principal primero. Tal vez convenga incluir otra clase de pensamientos, argumentos, ejemplos o exposiciones antes con el fin de *preparar* al lector para asimilar el punto principal, tal vez porque este pueda resultar polémico o, de plano, chocante para un lector que llegue *en frío* a lo que deseamos demostrar.

Así, somos nosotros —no el azar— quienes diseñamos la estructura de nuestros escritos mucho antes de empezar, y lo hacemos mediante un esquema. En parte, este proceso de brindar estructura a nuestro pensamiento puede deberse a la inspiración, pero la mayoría de las veces será producto del análisis detallado de los elementos que hemos externado e identificado en los puntos 1 y 2.

Debe quedar claro que el esquema no está esculpido en piedra. Si nos damos cuenta de que la estructura puede mejorar, pues cambiaremos el esquema; lo ajustaremos a nuestras necesidades, pero nunca lo desecharemos porque da fe de lo que deseamos expresar, y no debemos parar hasta que lo hayamos escrito de la mejor manera posible.

Hay que señalar, sin embargo, que para muchos escritos existen limitaciones de espacio, sobre todo cuando se trata del periodismo o de un trabajo profesional o académico. Por ejemplo, si nos asignan un reportaje de 1500 palabras, y ya hemos escrito 1 300 cuando aún nos faltan varias ideas principales, algo ha fallado. Lo más probable es que no elaboramos correctamente el esquema; quizás incluimos demasiada información expositiva, o un exceso de ejemplos o materiales de apoyo sin haber avanzado en los puntos fundamentales consignados en el esquema. En estos casos habrá que recortar el material secundario y dar preferencia a lo principal, o de plano volver a enfocar el trabajo eliminando una o varias de las ideas que antes habían sido tenidas en cuenta como principales pero que, dentro del renfoque, no entrarán en el escrito que nos ocupa inmediatamente sino, tal vez, en uno posterior.

También puede darse el caso contrario: que nos quedemos cortos. Cuando esto sucede, lo más recomendable es *profundizar*: dar ejemplos, desarrollar y redondear las ideas con mayor dilatación y calma. Es preferible que ocurra lo segundo a que seamos víctimas de lo primero. Duele más tener que reorganizar y recortar una estructura que no nos va a funcionar como lo habíamos pensado, que profundizar en una que sí funciona pero que ha quedado parcamente poblada de ejemplos y de material expositivo o explicativo.

Si usted ha creado una estructura funcional que refleja fielmente su pensamiento y la forma en que desea expresarlo —en qué orden y con qué materiales—, ha zanjado la mayor dificultad de la escritura, y lo ha hecho antes de empezar a redactar. Esto hará que el proceso de redacción sea más claro, más fácil y mucho menos *doloroso* que si lo hubiera emprendido a tontas y a locas, sin un plan previo, «como Dios nos da a entender» o, en el peor de los casos, al *ahi se va*, como decimos tan mexicanamente cuando hacemos algo sobre la marcha, a la bartola, *al buen tun tun* o solo para salir del paso.

Pero este libro no está pensado para que usted apenas «salga del paso» sino con el fin de que pueda planear y desarrollar trabajos escritos de calidad que realmente causen una impresión duradera en sus lectores. Esto nunca será un accidente sino el producto de un paciente proceso de pensamiento, organización y ejecución. ¡Manos a la obra!

Para que usted vea un ejemplo de cómo elaborar un esquema y cómo se relaciona con un escrito real, aquí se presenta el esquema del capítulo que usted acaba de leer. Podrá revisarlo y compararlo con la redacción final del capítulo para ver qué tan apegado está el texto final, qué tanto se apartó del plan, y si realmente sirvió para guiar al autor.

## ESQUEMA DEL CAPÍTULO 3 DE LA
### *Guía esencial para aprender a redactar*

## Nociones indispensables de estructura

I. *(Introducción) La necesidad de pensar en una estructura antes de escribir*
   a. La etapa previa de estructuración es fundamental.
   b. Pensar en términos de estructura antes de escribir aclara nuestras ideas para que la escritura sea comprensible para cualquier lector.
   c. Hay tres tareas que debemos realizar antes de escribir (estas se ven en los puntos II, III y IV, más abajo).

II. *La lluvia de ideas*
   a. Uno no debe censurarse.
   b. Que salgan las ideas libremente, aunque no se usen todas.

III. *La organización de las ideas*
   a. Determinar cuáles son ideas principales.
   b. Determinar cuáles son ideas secundarias, meros ejemplos o material de exposición.
   c. Eliminar las ideas que no se emplearán.

IV. *La elaboración de un esquema*
   a. El esquema nos deja ver de golpe qué ideas son principales y cuáles son secundarias.
   b. Nos aclara en qué orden atacaremos los puntos, tanto principales como secundarios.
      i. No siempre conviene poner lo principal por delante.
      ii. Hay que pensar cuál es la mejor estrategia de ataque, tomando en consideración quién va a leer lo que escribiremos.
   c. El esquema puede ser cambiado durante el proceso de escritura si es necesario.
      i. Si no cabe todo el material que deseábamos incluir...
         1. Reorganizar.
         2. Recortar aspectos.
         3. Dar un nuevo enfoque, trazar el escrito de nuevo.
      ii. Si el escrito se ha quedado corto...
         1. Profundizar en las ideas principales.
         2. Agregar ejemplos o material de exposición.

*V. La importancia de tomarse el tiempo de crear una buena estructura para cualquier trabajo escrito, de no trabajar improvisadamente*

> *Clave:*
> - Los puntos consignados en números romanos (I, II, III, IV y V) son las ideas principales.
> - Los puntos consignados en letra (a, b, c) son ideas secundarias.
> - Los puntos consignados en números romanos minúsculos (i, ii, iii) se refieren a material expositivo.
> - Los puntos consignados en números arábigos (1, 2, 3) dan ejemplos.

*Nota:* Hay otras maneras de elaborar esquemas. Un método muy común es usar puros números arábigos. El mismo esquema traducido a este método se vería así:

## Nociones indispensables de estructura

*1. (Introducción) La necesidad de pensar en una estructura antes de escribir*
    1.1. La etapa previa de estructuración es fundamental.
    1.2. Pensar en términos de estructura antes de escribir aclara nuestras ideas para que la escritura sea comprensible para cualquier lector.
    1.3. Hay tres tareas que debemos realizar antes de escribir (estas se ven en los puntos 2, 3 y 4, más abajo).

*2. La lluvia de ideas*
    2.1. Uno no debe censurarse.
    2.2. Que salgan las ideas libremente, aunque no se usen todas.

*3. La organización de las ideas*
    3.1. Determinar cuáles son ideas principales.
    3.2. Determinar cuáles son ideas secundarias, meros ejemplos o material de exposición.
    3.3. Eliminar las ideas que no se emplearán.

*4. La elaboración de un esquema*
    4.1. El esquema nos deja ver de golpe qué ideas son principales y cuáles son secundarias.
    4.2. Nos aclara en qué orden atacaremos los puntos, tanto principales como secundarios.

4.2.1 No siempre conviene poner lo principal por delante.

4.2.2 Hay que pensar cuál es la mejor estrategia de ataque, tomando en consideración quién va a leer lo que escribiremos.

4.3. El esquema puede ser cambiado durante el proceso de escritura si es necesario.

4.3.1. Si no cabe todo el material que deseábamos incluir.

4.3.1.1 Reorganizar.

4.3.1.2 Recortar aspectos.

4.3.1.3 Dar un nuevo enfoque, trazar el escrito de nuevo.

4.3.2. Si el escrito se ha quedado corto.

4.3.2.1. Profundizar en las ideas principales.

4.3.2.2. Agregar ejemplos o material de exposición.

*5. La importancia de tomarse el tiempo de crear una buena estructura para cualquier trabajo escrito, de no trabajar improvisadamente*

*Nota final:* No puede haber puntos secundarios únicos. Por ejemplo, no podemos consignar un punto I., y luego un punto I.a solamente, antes de pasar al punto II. (O un punto 1. y luego únicamente un punto 1.1., antes de pasar al punto 2.). Si hay un solo punto secundario, debe integrarse al punto principal anterior, es decir, el I. (o el 1.). Por ejemplo:

*No debe hacerse así:*

I. Cómo elaborar un trabajo de investigación

    a. De campo

II. [...]

*Sino así:*

I. Cómo elaborar un trabajo de investigación de campo

II. [...]

# Capítulo 4

La oración es el meollo de la buena redacción

## La necesidad de saber lo que uno está haciendo

Ya que sabemos cuál va a ser la estructura de nuestro escrito —sea de una o de mil páginas—, podemos darnos a la tarea de redactar. Para ello, y como ya lo hemos explicado, solo tenemos a nuestra disposición palabras y signos de puntuación. Los demás elementos de la tipografía —como la letra **negrita**, cambios en el tamaño de la fuente, el uso de color o cambios en el ancho de la caja tipográfica— pertenecen al dominio del editor, no del escritor. La única excepción son las *letras cursivas*, que tienen usos propios, autorizados y universalmente reconocidos, lo que veremos en el capítulo 14.

¿Qué haremos, pues, con nuestras palabras y signos de puntuación? ¿Cómo las organizaremos? ¿Existen reglas para ordenar las palabras en el idioma español, que rijan su *sintaxis*?[1] ¿Pueden funcionar las palabras aisladamente o adquieren sentido solo cuando están en compañía de otras palabras? ¿Qué clase de unidades forman las palabras? ¿Cómo se llaman? ¿Pueden combinarse? *¿Deben* combinarse? Y si pueden y deben combinarse, ¿cómo se llevará esto a cabo correctamente para que el lector no se confunda?

Responderemos a todas estas preguntas sobre la marcha de estas páginas. Y nunca debemos olvidar que, para escribir bien —para no ser «redactores orales»— es imprescindible que uno sepa lo que está haciendo, que comprenda cómo funcionan las palabras que está usando, cómo forman frases y oraciones, y de qué tipo. Este es el secreto del buen redactor y va más allá de cuestiones como «talento natural». Así, el que desea redactar textos sólidos y con seguridad, necesita dominar unos cuantos conceptos gramaticales y sintácticos, cada

---

1 La palabra *sintaxis* significa, sencillamente, el orden de las palabras dentro de la oración.

uno de los cuales posee aplicaciones absolutamente prácticas. En este libro no nos interesa ninguna teoría por sí sola, ningún término solamente porque «suena bonito», que en la mayoría de los casos significa, en realidad, que no se entiende para nada.

## Las palabras en dos niveles

En primer lugar, las palabras pueden verse en dos niveles diferentes. En uno, son *partes de la oración*. Les asignamos un nombre según su función. Si una palabra representa una cosa, una idea, un lugar o una persona, decimos que esa palabra es un *sustantivo*. Si la palabra asigna una cualidad a un sustantivo (*frío*, *caliente*), decimos que se trata de un *adjetivo*. Si la palabra indica una acción (*cantaste*, *caminaremos*), será un verbo. Si nos dice *cómo* o *en qué circunstancias* se realiza la acción, se trata de un adverbio (*rápidamente*, *despacio*). El adverbio también puede modificar adjetivos (una cerveza **bien** *fría*) u otros adverbios (el baño está **muy** *lejos*).

También hay otras partes de la oración: artículos (*el*, *la*, *los*, *las*, *un*, *una*...), interjecciones (*¡ay!*, *¡oh!*...), conjunciones (*y*, *ni*, *pero*, *o*...), preposiciones (*a*, *bajo*, *con*, *contra*, *de*...) y pronombres (*él*, *ella*, *tú*...). Al final del libro usted encontrará, en el «Apéndice 1», la lista completa de las partes de la oración.

Pero las palabras pueden verse en otro nivel, el *oracional*. Para decirlo de otro modo, puede que una palabra, como *Pedro*, sea un sustantivo, pero también puede ser el *sujeto* de una oración. O puede ser el *complemento directo*, o *indirecto*, de la oración. O podría formar parte de un *complemento circunstancial*. Todos estos conceptos tienen que ver con el concepto de *oración*. ¿Pero en qué consiste la oración?

El concepto de *oración* es el más importante no solo de este libro sino de la redacción en general. Se trata de una o más palabras que expresan una idea completa. Si la oración consiste en una sola palabra, esta será forzosamente un verbo conjugado.[2] Uno podría escribir, por ejemplo, *Amaneció*, y sería una oración completa. También *Reprobé* o *Triunfaste* son oraciones completas. Pero en general, las oraciones consisten en más de una palabra. No solo eso: la noción de *oración* no depende de la cantidad de palabras que se emplean sino de la función de estas *dentro* de la oración.

---

2 Para nuestros propósitos, el *verbo* siempre será un verbo conjugado. Llamaremos *verboides* a las tres formas no conjugadas o *impersonales*: los infinitivos, los gerundios y los participios (activos y pasivos).

Toda oración, sea de una palabra o de muchas, posee o *puede* poseer varios elementos que se dividen en dos bloques:

Sujeto                    Predicado

Todo lo que no es el sujeto pertenece al predicado. Este puede escribirse sin interrupción o el sujeto puede dividirlo en dos partes.

Oración con el predicado, subrayado, en una sola parte:
**Las oraciones <u>consisten, en general, en más de una palabra</u>.**

Oración con el predicado, subrayado, partido en dos partes:
**<u>En general</u>, las oraciones <u>consisten en más de una palabra</u>.**

¿Qué sucede con aquellas oraciones de una sola palabra, de un *verbo*, si las oraciones tienen sujeto y predicado?

## El sujeto explícito y el sujeto tácito

En español, todo verbo, por el solo hecho de estar conjugado, también tiene sujeto, aunque no se vea dentro de la oración. Cuando no está visualmente presente dentro de la oración, decimos que el sujeto es *tácito*. Al escribir *Triunfaste*, sabemos que el sujeto, *lo que realizó la acción del verbo*, es «tú», pero como no está escrita la palabra *tú*, decimos que el sujeto es tácito. Y si escribimos *Triunfé*, sabemos que fui «yo» quien triunfó, y no otra persona o entidad. Así, con los verbos tenemos automáticamente sujeto y predicado, aunque el sujeto pueda ser tácito.

El sujeto, pues, es *lo que realiza la acción del verbo*. Esta es la mejor manera de definirlo, la más clara. Si hay alguna duda acerca de cuál es el sujeto, uno debe localizar el verbo y preguntarse qué o quién realiza su acción. Es infalible. Y el redactor *nunca* debe perder de vista cuál es su sujeto y qué acción está realizando. ¡Es muy fácil confundirse! Y si el redactor pierde la claridad en este aspecto, terminará escribiendo oraciones sin sentido, gramaticalmente incoherentes[3] o con un sentido que no se quería.

---

3 Cuando escribimos una oración con alguna falla gramatical, cometemos lo que los gramáticos llaman un *solecismo*.

# La oración es el meollo de la buena redacción

En la mayoría de los casos, es evidente cuál es el sujeto. En la oración *Llegó la locomotora*, nos preguntamos «qué o quién llegó», y la respuesta salta a la vista: *la locomotora*. Pero no todos los casos son así de obvios. Pongamos como ejemplo una oración que apareció hace unos renglones: «¡Es muy fácil confundirse!». ¿Cuál es el sujeto? Hay que localizar primero el verbo: *es*. La pregunta es la misma: «¿Qué *es* (muy fácil)?».[4] La respuesta: *confundirse*. Así descubrimos que *confundirse* es el sujeto de la oración. Muchos se equivocarán porque no saben que los infinitivos son una de las varias clases de sustantivos, y así los usamos con frecuencia, como cuando decimos «Nadar es saludable».

Uno también puede equivocarse cuando intervienen otros elementos, sobre todo si son seres humanos, pues tendemos a pensar en estos como sujetos aunque no lo sean. Un ejemplo común: *A Nicolás le encantan los chocolates*. Muchos, irreflexivamente, pensarán que el sujeto de la oración es *Nicolás*. Pero si nos hacemos la pregunta de rigor, «¿Qué o quién realiza la acción del verbo *encantan*?», nos daremos cuenta de que son *los chocolates* los que encantan, y están encantando *a* Nicolás. De esta manera, sabemos que el sujeto de la oración es *los chocolates* y que *Nicolás* tiene que figurar dentro del otro bloque, *el predicado*, donde el miembro principal siempre será el verbo.

Pero ¿por qué tenemos que saber todo esto al escribir? Porque si no sabemos cuál es el sujeto de la oración y cuáles son los complementos (los cuales pertenecen obligatoriamente al predicado), cometeremos errores de toda clase por la relación muy especial que existe entre los verbos y los sujetos que los rigen. Con frecuencia, por citar un ejemplo común, los redactores inexpertos —los *orales*— elaboran oraciones carentes de sujeto porque ven un nombre propio cualquiera y dicen: «¡Listo!». Vea esta oración con cuidado, la cual se encuentra al principio de una reseña de *Cien años de soledad*:

> En esta novela de Gabriel García Márquez, con atmósferas embriagantes y personajes mágicos, logra una narración inolvidable.

Tal vez si el alumno que escribió esto lo hubiera dicho en voz alta, nadie habría protestado. Pero el lector se confunde enseguida, y para comprender bien la idea, tiene que releer la proposición.

Veamos: ¿cuál es el sujeto de la oración? Según lo que ya hemos aprendido, para localizar el sujeto hay que buscar primero el verbo. En este caso, el verbo es

---

4 En este caso, «muy fácil» es una *locución adverbial* que modifica al verbo *es*. Entonces, para hallar el sujeto, hay que preguntarse «¿Qué es muy fácil?».

*logra*. Pero ¿quién realiza la acción del verbo *logra*? Como veremos con detalle en el capítulo 7, esta oración empieza con dos complementos circunstanciales: «En esta novela de Gabriel García Márquez» y «con atmósferas embriagantes y personajes mágicos». Termina con lo que llamaremos un complemento directo: «una narración inolvidable». ¡No hay más! ¿Dónde está, entonces, el sujeto?

La mayoría de las personas dirá que se trata de Gabriel García Márquez. Pero el nombre del autor está dentro de un complemento circunstancial, que forma parte del predicado. ¡El sujeto nunca puede estar dentro del predicado! «¡Ah! —dirán estas mismas personas—. ¡Entonces el sujeto es tácito!». Pues sí: tendría que ser tácito, pero como el escrito se inicia con esta oración, no tiene mucho sentido ocultar la identidad del sujeto. Eso está bien para una novela negra pero no para una reseña.

¿Qué sucedió, entonces? En realidad, es muy sencillo: al autor se le olvidó emplear un sujeto para su verbo. Es uno de los solecismos más comunes. Al usar el nombre propio del autor dentro del complemento circunstancial que viene al inicio de la oración, no se fijó en que su verbo había quedado huérfano. Le bastó con mencionar el nombre del autor, pensando que era el sujeto, pero *gramaticalmente no lo es*, y usar aquí el sujeto tácito sería un error.[5] Hay varias maneras, muy sencillas, de corregir este problema. Veamos dos:

En esta novela, con atmósferas embriagantes y personajes mágicos, Gabriel García Márquez logra una narración inolvidable.

En esta versión, extrajimos el nombre del autor del primer complemento circunstancial y lo colocamos, como sujeto explícito, antes del verbo *logra*.

En esta novela de Gabriel García Márquez, con atmósferas embriagantes y personajes mágicos, se logra una narración inolvidable.

En esta segunda versión, también gramaticalmente correcta, se recurre a la voz pasiva refleja mediante un verbo reflexivo, *se logra*, y así se evita el solecismo.

---

5 En la siguiente sección de este capítulo veremos cuándo es recomendable usar el sujeto tácito, y cuándo resulta mejor explicitarlo.

## Sujeto tácito: aquí estoy pero no me ves

Aunque el capítulo 6 se dedica en su totalidad al sujeto y sus diversas estructuras, vale la pena que nos detengamos un momento aquí mismo para discutir el sujeto tácito, que es sumamente común en español. Lo haremos aquí porque en el capítulo 6 se analizan estructuras visibles, mientras que el sujeto tácito es *invisible*, por lo menos dentro de la oración analizada. Además, ya ha surgido y más vale aclararlo cuanto antes.

En el momento en que existe un verbo conjugado, hay también —automáticamente— un sujeto, salvo en casos excepcionales como las expresiones de clima. (Esto se verá al principio del capítulo 5). En un texto formal, solemos explicitar el sujeto la primera vez que aparece. En un texto económico, por ejemplo, podríamos escribir lo siguiente:

<u>Las tasas de interés</u> han subido constantemente.

Aquí tenemos un sujeto explícito: *las tasas de interés*. Pero si estas mismas tasas de interés siguen realizando la acción de un verbo en la siguiente oración, ya no deberíamos repetir el sujeto:

<u>Las tasas de interés</u> han subido constantemente. Este año
alcanzaron niveles inéditos.

Decimos que el sujeto de la segunda oración es *tácito*, pero sabemos que se trata de *las tasas de interés*. No solo es innecesario repetir el sujeto sino que se consideraría estilísticamente inapropiado. Incluso usar el pronombre *ellas* sonaría mal, inapropiado también, porque en español se sobrentiende como sujeto tácito el sustantivo o frase sustantiva inmediatamente anterior, si por lógica puede serlo. Veamos un caso donde el sustantivo o frase sustantiva inmediatamente anterior *no* puede ser el sujeto tácito de la oración que sigue porque, en efecto, resultaría ilógico:

Rosa Alicia acaba de dictar su conferencia magistral. El año pasado ofreció
una charla fascinante sobre el cerebro reptiliano en el hombre actual.

Está claro que *su conferencia magistral* es una frase sustantiva y que viene antes del verbo siguiente: *ofreció*. Pero no es lógico ni posible que una conferencia magistral pueda ofrecer una charla fascinante. Así, entendemos que *Rosa*

*Alicia* sigue siendo el sujeto de la segunda oración. En verdad, cuando hablamos en voz alta, pocas veces pensamos en si estamos utilizando sujetos tácitos o no. Simplemente no se nos ocurre porque no hace falta. Tenemos muchas herramientas a nuestro alcance para que se entienda a la perfección cuáles son los sujetos de nuestras oraciones, estén bien construidas gramaticalmente o no. Pero a la hora de pasar a la escritura, si continuamos con la misma actitud *oral*, vamos a meternos en problemas serios porque sin el contexto social, sin el tono de voz, sin el lenguaje corporal, el lector va a confundirse si hay más de un solo antecedente que podría fungir como el sujeto del verbo que sigue. Ocurre todos los días, incluso en publicaciones serias.

Rosa Alicia acaba de dictar su conferencia magistral. El año pasado ofreció una charla fascinante sobre el cerebro reptiliano en el hombre actual. El rector también estaba presente. Al final de la sesión, salió a charlar con varios reporteros.

¿Quién *salió a charlar con varios reporteros*? Resulta perfectamente lógico que salga el rector a dar una entrevista en su propia universidad. También lo es que la conferenciante acceda a conversar con periodistas. ¿Entonces, cuál es el sujeto de *salió*? No podemos saberlo con esta redacción. Tendríamos que hallar la manera de explicitar quién fue. Podríamos escribir, por ejemplo, «Al final de la sesión, la invitada salió a charlar con varios reporteros», o «Al final de la sesión, el funcionario principal de la universidad salió a charlar con varios reporteros». Lo importante es que el verbo *salió* no siga teniendo sujeto tácito sino explícito, en virtud de que hay más de un antecedente que pudiera entenderse lógicamente como su sujeto.

El sujeto tácito, pues, ofrece ventajas y desventajas. Su gran ventaja radica en la economía verbal que brinda. Pero acabamos de ver cuál es su bemol: puede causar confusión, sobre todo en el lenguaje escrito, que es el que nos compete en este manual. El buen redactor nunca pierde de vista cuáles son los sujetos y los núcleos de predicado de sus oraciones. Y los complementos, como veremos en el capítulo 7, giran alrededor de este eje sujeto-predicado.

Para concluir este primer vistazo a los secretos de la buena redacción, debemos recordar siempre que, en el lenguaje escrito, estamos manejando *oraciones*, no palabras sueltas, hilvanadas a la manera oral. En el próximo capítulo veremos que existen oraciones de varias clases y que se comportan de manera diversa. Vamos a reconocerlas para aprender a usarlas aisladamente, como *oraciones simples*, o a combinarlas en lo que llamaremos *oraciones compuestas*.

# Capítulo 5

## Oración, proposición y el uso del punto

Todo cuanto vamos a escribir será agrupado en *oraciones*.

¿Qué es una oración? Como ya hemos visto, es la combinación de un sujeto —aquello que realiza la acción de un verbo conjugado— y un predicado, el cual consiste en ese verbo conjugado y tres posibles complementos: el directo, el indirecto y uno o más circunstanciales.[1] Fuera de esta estructura, no hay nada. Incluso las oraciones no ortodoxas, las que no cumplen con la regla de suje-to y predicado, siguen considerándose oraciones. Un ejemplo: «¡Aguas con el perro!». Aunque esta oración no tiene verbo ni sujeto, ambos se sobrentienden: «*Usted* [sujeto] *debe tener* [verbo] cuidado con el perro». Las expresiones de clima, asimismo, aunque tienen verbo, carecen de sujeto: «Hace frío», «Está nevando», «Llueve a raudales». En estos casos no hay persona, cosa ni abstrac-ción que *haga* frío, que *esté* nevando o que *llueva* a raudales. Se trata de una

---

1 No es necesario que siempre haya tres complementos. Depende, en mucho, del tipo de verbo que uno quiera usar. Los transitivos siempre necesitan complementos directos: es su naturaleza. Por ejemplo: «Juan toma *café*». El verbo *toma* es transitivo y requiere el com-plemento directo: *café*. Si no apareciera el complemento, cambiaría el sentido del verbo y se volvería intransitivo: «Juan toma». Esto significaría, probablemente, que a Juan le gustan las bebidas alcohólicas y que, además, las ingiere con cierta frecuencia. Los ver-bos intransitivos, por su parte, no pueden tener complementos directos porque no está en su naturaleza *transferir* su acción a ningún objeto. Por ejemplo: «Matilde llegó». La acción de *llegó*, y la de todos los demás verbos intransitivos, no recae en ningún objeto. Su acción no se trasmite a nada sino que se agota en sí misma. En general, cuando se usan verbos transitivos, no se emplean complementos indirectos, pero sí es posible: «Matilde le llegó *al precio*». Los complementos circunstanciales pueden usarse con cualquier tipo de verbo, sea transitivo o intransitivo.

curiosidad gramatical del castellano: las expresiones de clima no tienen sujeto, pero siguen siendo oraciones.

Así, la totalidad de nuestros escritos consistirá en oraciones. Las hay de dos clases: simples y compuestas. La diferencia es sencillísima: la oración simple tiene un solo verbo, mientras que la compuesta tendrá dos o más. Para ilustrar esto será necesario explicar un concepto más: la *proposición*. La proposición empieza donde se inicia cualquier oración con mayúscula, y termina donde debe ir un punto y seguido, un punto y aparte o un punto final. De esta manera, una oración simple puede ser una proposición, pero también puede serlo una oración compuesta.

## Proposiciones que consisten en una oración simple:

*Aprenderé* la lección.

El Gobierno *sigue aplicando* la misma política, a pesar de las protestas ciudadanas.

No *busques* problemas.

A Maribel le *fascinan* las fresas preparadas con crema ácida.

En esa tienda *venden* una serie de productos importados del sureste de Asia.

El cuadro *fue vendido* a pesar de la prohibición de la Unesco.[2]

## Proposiciones que consisten en oraciones compuestas:

*Necesito* que *vengas* enseguida.

El director de esa compañía *sacó* su dinero de la bolsa justo cuando *empezó* la caída.

*Se acabó* la gasolina, *tengo* mucha hambre y el próximo pueblo *está* lejísimos.

Ellos *quieren ir* al cine pero no *tienen* dinero para los boletos.

El asesino *llegó* con el fusil cargado; *disparó* al guardia y este *murió* en el hospital.

No me *gusta* tu actitud: *pareces* un vulgar arribista.

---

2 Esta oración es un ejemplo de voz pasiva. Veremos cómo se construye la voz pasiva en el capítulo 17.

Cualquier oración simple puede ser una proposición. La proposición anterior, por ejemplo, y esta misma son oraciones simples. Y lo son porque tienen, cada una, un solo verbo. En el momento en que hay dos o más verbos en una sola proposición, estamos en presencia de una *oración compuesta*.

Las oraciones compuestas abundan en la escritura, pero son aún más comunes en el lenguaje oral. No nos damos cuenta de ello porque, al hablar, hilamos nuestras palabras sin reflexionar en ellas y sin pensar en cómo estamos agrupándolas en oraciones. Y menos pensamos en cómo las puntuaríamos o dividiríamos en proposiciones, dos conceptos que pertenecen absolutamente al reino del lenguaje escrito. Por eso decimos que la redacción existe en otro nivel aparte del oral, y como redactores nos toca saber a ciencia cierta qué estructuras gramaticales y sintácticas estamos incluyendo en cada una de nuestras proposiciones.

Existen reglas claras para combinar, en una sola proposición, dos o más oraciones. Cuando se desconocen estas reglas, el redactor emplea cualesquiera signos entre sus oraciones, o no usa ninguno, sin saber si eso está bien o si está confundiendo al lector. Nosotros, con esta *Guía esencial para aprender a redactar*, vamos a aprender y *dominar* esas reglas para que nuestra escritura sea clara, precisa y fácilmente comprensible.

# Capítulo 6

## Oración simple I: el sujeto

Uno pensaría que las oraciones más comunes en el habla y la escritura serían las simples, pero no es así, porque son mucho más numerosas las compuestas. *Las oraciones simples tienen la ventaja de ser contundentes.* Fíjese, por ejemplo, en la proposición anterior, que es una oración simple. Mas no siempre buscamos contundencia. Las oraciones simples son algo limitadas y limitantes. Las compuestas, por otro lado, abren toda una gama de posibilidades porque expresan relaciones de muy diversa índole que vuelven el discurso mucho más rico que si fuéramos a usar únicamente oraciones simples, por contundentes que pudieran ser. Aun así, no es posible analizar las oraciones compuestas si no dominamos la oración simple. A esto nos dedicaremos en el presente capítulo.

En la escuela, la mayoría de las personas aprendió que la oración consiste en «sujeto, verbo y predicado». Esto es casi cierto. Tal vez usted ya vio cuál es el error encerrado en este planteamiento: *el verbo forma parte del predicado*. En términos estrictos, entonces, la oración —por lo menos la tradicional— se compone de «sujeto y predicado». El verbo, como acabamos de señalar, está *dentro* del predicado.

El sujeto, por su parte, puede ser sencillo o bastante complicado. Dependerá de lo que usted necesite expresar en cualquier momento dado. Veamos ejemplos de toda suerte de sujetos que usted podrá analizar aquí y emplear como modelos en sus propios escritos.

# El sujeto simple

Para empezar, lo más sencillo. El sujeto de una sola palabra será casi siempre un nombre propio, como «Obdulio» o «Carmencita». Pero hay nombres propios que tienen más de una palabra, como «Obdulio Pérez de Comonfort» o «Carmencita Mercedes Pérez Beltrán y Monteverde». Como regla general, todos los nombres propios se escriben con mayúscula inicial en cada palabra, salvo los artículos, conjunciones y preposiciones (a menos que el nombre propio se inicie con alguno de estos, como *La Jornada*[1] o El Colegio de México). No importa si son nombres propios de seres humanos, animales, dependencias gubernamentales o no gubernamentales, tiendas de autoservicio, oficinas, *boutiques* o áreas de servicio:

El Palacio de Hierro, Liverpool, Dirección General, Departamento de Personas Extraviadas, Greenpeace, Médicos sin Fronteras, Recursos Humanos, *La Jornada*, Manchitas, el Tuercas,[2] Atlético de Madrid, Pumas, Nueva York, Ciudad de México, Distrito Federal, Distrito de Colombia, Capital Federal, Andalucía, País Vasco, República Dominicana, Santiago de Chile

Habiendo aclarado estos detalles, usemos algunas de estas construcciones como sujetos de oración. Aparecen subrayados:

Ayer, <u>El Palacio de Hierro</u> permaneció abierto hasta altas horas de la noche.
<u>Liverpool</u> es la ciudad natal de Los Beatles.
<u>Dirección General</u> está en el tercer piso.
Llegó <u>el Tuercas</u> con el espejo lateral.
<u>Pumas</u> ganó el campeonato.
A mucha gente le desagrada <u>la Ciudad de México</u> a pesar de sus encantos.
<u>Buenos Aires</u> incluye a la Capital Federal.

---

1 Todo nombre propio de revista o periódico debe escribirse, además, en letra cursiva. Es importante que usted no confunda los nombres de publicaciones periódicas con los títulos de obras intelectuales, como libros, películas, óperas, *ballets*, etcétera. Estos se escriben con letra cursiva pero solo emplean mayúscula en la primera palabra y los nombres propios, si los incluyen. Véase el capítulo 15.
2 En cuanto a los apodos, que son una especie de nombre propio, solo emplean mayúscula en la palabra principal si también se usa un artículo, como en este caso.

Hasta aquí hemos visto únicamente nombres propios como sujetos de oración, pero estos solo representan un pequeño porcentaje de los sujetos que emplearemos en nuestros escritos. Veamos, pues, cómo pueden construirse otros sujetos y qué elementos tenemos a nuestra disposición para hacerlo.

En primer lugar, existen sujetos *simples* y sujetos *complejos*. Son fáciles de distinguir y es importante que uno se dé cuenta de cuál es cuál porque esto puede afectar la conjugación del verbo que están rigiendo. Para comprender esto es necesario señalar que cada sujeto tiene un núcleo, y que este suele ser un sustantivo. Si el núcleo consta de una sola palabra, decimos que el sujeto es *simple*. Si consta de dos palabras o más, decimos que es *complejo*, como explicaremos enseguida. Primero veamos cómo usted puede construir sujetos simples:

El <u>examen</u> final

En este primer ejemplo, el núcleo es el sustantivo *examen*. Pero usted se dará cuenta de que tiene otras dos palabras, una antes y otra después. Decimos que estas son *modificadores* del sujeto. Como no requieren ninguna preposición para pegarse al núcleo, los llamaremos *modificadores directos* del sujeto. Otros ejemplos:

El <u>diccionario</u>
Tres tristes <u>tigres</u>
Las tres <u>niñas</u> iracundas

En cada uno de estos casos, los modificadores del núcleo del sujeto son directos, pues no requieren preposiciones. Ahora veamos ejemplos de sujetos que emplean modificadores *indirectos*, los que sí requieren preposiciones. Los núcleos siguen subrayados pero hemos puesto los modificadores indirectos en letra cursiva:

El <u>diccionario</u> de *francés*
Una buena <u>cantidad</u> de los *tigres* tristes
Las tres <u>niñas</u> iracundas de *Irapuato*
Las <u>fresas</u> con *crema*
El <u>líquido</u> para *frenos*

Esta clase de sujeto es la más común: un núcleo rodeado de modificadores, sean directos o indirectos. Si nos pusiéramos a analizar los cinco ejemplos inmediatamente anteriores, nos daríamos cuenta de algo *raro* en el segundo ejemplo:

«Una buena cantidad de los *tigres* tristes». Ya sabemos que las palabras «una buena» son modificadores directos porque no requieren preposición para pegarse al núcleo, «cantidad». También nos damos cuenta de que la palabra *tigres* es ahora modificador indirecto porque requiere la preposición *de*, pero ¿qué sucede con las palabras «los» y «tristes»? Esto podría parecer un señalamiento excesivamente técnico, pero si no lo aclaramos, podría corroernos la duda.

Alrededor del modificador indirecto puede haber otras palabras que *también* son modificadores. Como «los» y «tristes» no requieren preposición para pegarse a «tigres», el modificador indirecto de «cantidad», los llamamos *modificadores directos del modificador indirecto*.

Ya sé que frases como la que acabo de anotar asustan a muchas personas. Son propias de las disquisiciones que se desatan entre gramáticos y lingüistas, no entre la gente que solo quiere aprender a redactar bien. Si usted piensa así, tiene toda la razón, pero no se preocupe: hay una manera de aclarar todo este irigote[3] de nomenclatura gramatical. Cuando hay modificador indirecto, llamaremos *complemento adnominal* a todo aquello que viene después de la preposición pero sin salir del sujeto. El sustantivo que viene tras la preposición se llama *término*. En los siguientes ejemplos veremos sujetos simples (su núcleo consta de una sola palabra), pero que incluyen complementos adnominales de variada construcción, los cuales vendrán en letra cursiva, y los núcleos estarán subrayados. Como usted se dará cuenta, así resulta muchísimo más fácil analizar y comprender cómo están hechos los sujetos, sin tener que entrar en cuestiones de modificadores directos e indirectos de los modificadores directos, etcétera:

El teclado *de mi computadora*
Las Leyes *de Reforma*
El insecticida *para moscas, mosquitos y otros bichos voladores*
Varios componentes *entre bafles, ecualizadores y amplificadores*
Una serie *de problemas serios*

---

3 La palabra *irigote* es un mexicanismo muy expresivo que no se encuentra registrado en el *Diccionario del español usual en México* [Luis Fernando Lara, El Colegio de México, Centro de Estudios Lingüísticos y Literarios, México, Ciudad de México, © 1996, 944 pp.], a pesar de que es una palabra *muy usual* en todo México, y probablemente —a estas alturas— en algunas otras partes del mundo. Aun así, al usar palabras de este tipo —no aceptadas dentro de la norma culta—, debemos tener mucho cuidado. He decidido emplearla en este manual porque sé que la mayoría de sus lectores la comprenderá fácilmente, pero si se publicara este libro en España o Venezuela, tal vez debería cambiarla por *escándalo*, *confusión* o *barullo*.

Todas las palabras subrayadas, reiteramos, son los núcleos de estos sujetos, y constan de una sola palabra. Hemos señalado que por esto se llaman *sujetos simples*. Pero fíjese usted en que los hay singulares, como *teclado*, *insecticida* y *serie*, y también los hay plurales, como *Leyes* y *componentes*. Esto es perfectamente normal: los sujetos simples pueden ser singulares o plurales, lo cual incide en la conjugación del verbo. Construyamos, entonces, oraciones completas (pero simples) con estos sujetos. Subrayaremos los sujetos y pondremos los verbos en letra cursiva:

A los niños les *fascina* el teclado de mi computadora.
Las Leyes de Reforma *causaron* molestia en los círculos eclesiásticos.
El insecticida para moscas, mosquitos y otros bichos voladores *consiste*
en varios productos químicos peligrosos fácilmente adquiribles
en almacenes clandestinos.
Varios componentes entre bafles, ecualizadores y amplificadores
*electrizaron* al público en el concierto de anoche.
El año pasado, una serie de problemas serios *aquejó* al Consejo
de Gobierno.

Hemos dicho en repetidas ocasiones que los sujetos simples constan de un núcleo de una sola palabra, pero hay una excepción. También hay sujetos simples cuyos núcleos constan de *dos* palabras, que son frases sustantivadas[4] compuestas del artículo neutro *lo* seguido de cualquier adjetivo:

lo bueno
lo complejo
lo chistoso
lo increíble
lo difícil
lo mejor

Estas frases sustantivadas, entonces, también pueden ser núcleos de sujeto y todavía se consideran núcleos de sujetos simples:

Lo bueno de esa película *es* la primera actriz.
Lo complejo del asunto me *impresiona*.

---

4 Se llaman *frases sustantivadas* porque tienen valor sustantivo y funcionan como sustantivos.

Lo chistoso *está* en los detalles.
Lo *hizo sospechar*[5] lo increíble de su declaración.
Te *encanta* lo difícil.
Lo mejor *viene* al final.

# El sujeto complejo

Hasta aquí hemos visto prácticamente todo lo que concierne a cómo usted puede formar sus sujetos simples. La única diferencia entre los sujetos simples y los complejos radica en la cualidad del núcleo. Si este consta de una sola palabra (o de una frase sustantivada como *lo bueno*, *lo mejor*, etcétera), se trata de un sujeto simple. Pero el núcleo puede constar de dos o más palabras, y entre ellas puede haber comas o alguna conjunción. Veamos estos ejemplos. Las palabras que constituyen el núcleo están subrayadas, y son núcleos de más de una palabra que dan lugar a *sujetos complejos*:

Enrique y Marta (núcleo: Enrique / Marta)
los primos, los nietos y los bisnietos (núcleo: primos / nietos / bisnietos)
ni Jasón ni Medea (núcleo: Jasón / Medea)
los profesionales, los aficionados y los estudiantes (núcleo: profesionales / aficionados/ estudiantes)
la mucama o la empleada (núcleo: mucama / empleada)

Ahora usemos estos sujetos complejos en oraciones y veamos qué sucede, además, con los verbos a los cuales rigen. Estos aparecerán en letra cursiva:

Enrique y Marta *llegaron* a la fiesta temprano.
Los primos, los nietos y los bisnietos *aparecen* sonrientes en la foto.
Ni Jasón ni Medea *entendió* [o *entendieron*] el origen del dilema.
Los profesionales, los aficionados y los estudiantes *hallarán* provecho en este libro.
La mucama o la empleada *encontró* [o *encontraron*] el arma tirada.

---

5 Cuando los verbos constan de más de una palabra, se llaman *verbos perifrásticos* o *perífrasis verbales*, y son muy comunes en el castellano. He aquí algunos ejemplos utilizados en oraciones simples: «*Acaban de promulgar* la ley», «El abogado *tiene que presentarse* mañana temprano», «El acusado *debe de estar* en el reclusorio», «Sus palabras me *hacen sospechar*».

Cuando es positiva la conjunción que une los elementos que dan forma al núcleo complejo, como «y», el verbo siempre concertará en plural, como en la primera, segunda y cuarta oraciones. Si la conjunción es negativa, «ni», el verbo puede concertar en singular o plural, según dicte el sentido común, como en la tercera oración. Lo mismo suele suceder cuando se usa la conjunción disyuntiva, «o», como en la última oración.[6]

## Sujetos que son o que incluyen alguna oración subordinada

Para concluir este capítulo que pretende dilucidar todo lo que usted necesita saber para dar forma a sus sujetos, solo queda explicar cómo y por qué puede haber verbos conjugados *dentro* del sujeto cuando se supone que los verbos forman parte del predicado. Estrictamente hablando, no debería hacerlo aquí porque —como bien sabemos— si hay más de un verbo en una proposición, se trata de una oración compuesta, ¡y todavía no hemos terminado con la oración simple! Pero haremos una excepción, ya que no volveremos a tratar el sujeto como un tema independiente. En realidad es bastante común que el sujeto sea —o que incluya— una oración subordinada. Cuando los leemos o escuchamos, ni siquiera reparamos en ello. Pero como usted debe saber qué está haciendo a cada paso de su escritura, es necesario llamar la atención sobre este fenómeno para que pueda construir estos sujetos correctamente y con seguridad. Veamos sujetos que incluyen alguna oración subordinada, pues son las más comunes. Pero antes examinemos oraciones simples cuyos sujetos todavía carecen de las oraciones subordinadas que agregaremos enseguida. Los verbos principales (y todavía únicos) aparecen en letra cursiva, y los sujetos, subrayados:

El reloj *es* estupendo.
Las modelos *llegarán* mañana.
El defensor de oficio *debe recibir* todo el apoyo de la Judicatura.
Los trabajadores *se declararon* en huelga.

Ahora, lo que vamos a hacer es *agregar* una oración subordinada que mo-

---

6 Para una discusión más a fondo de este problema que se suscita con las conjunciones «ni» y «o» en situaciones como estas, puede consultarse el «Apéndice B» de *Redacción sin dolor*, «Casos especiales de concordancia», publicado por esta misma casa editorial. [Nota de los editores].

difique al sujeto, el cual está subrayado. Como su función es la de *modificar*, las llamamos *oraciones subordinadas adjetivas*, como veremos más adelante cuando estudiemos las oraciones subordinadas. Pondremos doble subrayado a las oraciones subordinadas adjetivas que agregaremos para modificar el sujeto original:

El reloj que me regalaste *es* estupendo.

Las modelos, cuyo vuelo fue retrasado, *llegarán* mañana.

El defensor de oficio, quien es indispensable en cualquier sistema democrático, *debe recibir* todo el apoyo de la Judicatura.

Los trabajadores que no recibieron una compensación por horas extras *se declararon* en huelga.

En todos estos casos, lo subrayado —sea con raya sencilla o doble— constituye el sujeto de la proposición, que ahora es una oración compuesta en virtud de que tiene más de un verbo.[7] Como usted ha visto, no tienen nada de extraordinario estas proposiciones, salvo que hay oraciones dentro de sus sujetos, algo en lo cual tal vez usted no había reparado antes. Pero ahora tiene conocimiento de causa.

## La oración subordinada de sujeto

Y para concluir este capítulo, veamos la oración subordinada de sujeto. Son diferentes porque la oración subordinada de sujeto abarcará a *todo* el sujeto, no solo una parte, como en los cuatro ejemplos que acabamos de ver, donde las oraciones subordinadas están con raya doble, mientras que la parte principal del sujeto está subrayada con raya sencilla. En la oración subordinada de sujeto, el sujeto *en su totalidad* será una oración subordinada.

Existen solamente dos *fórmulas* para construir esta clase de sujetos. En ambos casos se trata de oraciones *con valor sustantivo*, lo que es indispensable para que puedan fungir como sujetos. Y, *stricto sensu*, estas *oraciones sustantivas*

---

7 En el capítulo dedicado a las oraciones subordinadas adjetivas, se verá que existen dos clases: las *especificativas* y las *explicativas*. Por ahora basta señalar que de los cuatro ejemplos ofrecidos aquí, el primero y el cuarto contienen subordinadas adjetivas especificativas, y el segundo y tercero contienen subordinadas adjetivas explicativas. Esto se volverá evidente si usted se fija en las comas que aparecen antes y después de estas oraciones subordinadas explicativas: son las comas las que las vuelven *explicativas*, también llamadas *parentéticas* o *incidentales*.

pueden servir no solo como sujetos sino también como complementos directos, indirectos o dentro de complementos circunstanciales. ¡Pero no nos adelantemos! Son más comunes como sujetos, y ahora toca ver cómo se construyen. La primera *fórmula* es «el hecho de que». Cuando se forma una oración a partir de la frase «el hecho de que», se está construyendo una oración sustantiva, y aquí la veremos como sujeto. El verbo principal aparecerá en letra cursiva; el subordinado, con subrayado doble, y la oración subordinada de sujeto, con una raya continua (que incluirá el verbo subordinado, subrayado con raya doble):

El hecho de que sepas algo de gramática te *ayudará* a redactar con seguridad.
Me *llama* la atención el hecho de que llegaste en ferrocarril.
El hecho de que haya llegado primero no le *otorga* derechos especiales.

En cada uno de estos casos, si nos preguntamos qué o quién realiza la acción del verbo principal (el que aparece aquí en letra cursiva), la respuesta será la oración subordinada de sujeto (que aparece subrayada). Por ejemplo: ¿Qué te ayudará a redactar con seguridad? Respuesta: *El hecho de que sepas algo de gramática.* ¿Qué me llama la atención? Respuesta: *El hecho de que llegaste en ferrocarril.* ¿Qué no le otorga derechos especiales? *El hecho de que haya llegado primero.*

Esta fórmula, «el hecho de que», puede abreviarse de dos maneras: «el que» y, simplemente, «que», sin que se afecte el sentido. Veamos primero con «el que»:

El que sepas algo de gramática te *ayudará* a redactar con seguridad.
Me *llama* la atención el que llegaste en ferrocarril.
El que haya llegado primero no le *otorga* derechos especiales.

Ahora, veamos estas mismas proposiciones con el simple «que»:

Que sepas algo de gramática te *ayudará* a redactar con seguridad.
Me *llama* la atención que llegaste en ferrocarril.
Que haya llegado primero no le *otorga* derechos especiales.

La segunda *fórmula* para construir oraciones subordinadas de sujeto parte del pronombre *quien* o *quienes* y sus formas análogas: *el que, la que, los que, las que* y *lo que.* Todas estas palabras dan forma a oraciones subordinadas sustantivas que pueden servir como oraciones subordinadas de sujeto (y también como complementos directos, indirectos o dentro de complementos circunstanciales, pero aquí solo las tomaremos en cuenta como sujetos). Veamos estos ejemplos. Usaremos la misma lógica de letra cursiva y subrayados:

Quien <u>busca</u>, *encuentra.*

<u>Lo que inquieta</u> *es* la inverosimilitud de su declaración.[8]

<u>Las que aún no han emitido</u> su voto *deben acudir a hacerlo* ahora.

<u>El que salga</u> al último *debe apagar* la luz.

Como podemos ver, lo que realiza la acción del verbo principal, que aparece en letra cursiva, es la oración subordinada de sujeto. Hagamos las preguntas de rigor: ¿Quién encuentra? Respuesta: *quien busca.* ¿Quiénes deben acudir a hacerlo ahora? Respuesta: *Las que aún no han emitido su voto.* ¿Qué es la inverosimilitud de su declaración? Respuesta: *lo que inquieta.* ¿Quién debe apagar la luz? Respuesta: *el que salga al último.*

Con esto hemos abarcado —y agotado— el sujeto, tanto el de las oraciones simples como el de las oraciones cuyos sujetos son o incluyen una oración subordinada. Solo falta ver el predicado de la oración simple, y cómo funciona, para después atacar el problema fundamental de la redacción: cómo combinar oraciones para formar proposiciones de oraciones compuestas, que son las que más usamos, tanto en el lenguaje escrito como en el oral. Pero eso sí: las reglas para su uso en el lenguaje escrito son mucho más estrictas que en el oral. Y por eso la redacción resulta tan difícil para la mayoría de las personas, que son —como hemos observado anteriormente— «redactores orales». Lo que estamos haciendo ahora, y lo que seguiremos haciendo en las páginas que faltan, es cimentar las nociones del lenguaje escrito: su sintaxis y la puntuación necesaria para que nuestros escritos sean claros y comprensibles.

---

8 Este es un ejemplo de una *oración de predicado nominal*, donde el sujeto puede ser el predicado, y viceversa. Podemos escribir «<u>Lo que inquieta</u> *es* la inverosimilitud de su declaración» o «<u>La inverosimilitud de su declaración</u> *es* lo que <u>inquieta</u>». En el primer caso, el sujeto es una oración subordinada de sujeto. En el segundo caso, el sujeto es simple (su núcleo es *inverosimilitud*) y el predicado es la oración subordinada sustantiva. Las oraciones de predicado nominal son en extremo comunes ¡y no requieren oraciones subordinadas! «Pedro *es* mi hermano» o «Mi hermano *es* Pedro». «Los perros *son* los mejores amigos del hombre» o «Los mejores amigos del hombre *son* los perros». «Su presencia *es* una bendición» o «Una bendición *es* su presencia». Para formar oraciones de predicado nominal, suele usarse el verbo *ser*, pero también pueden emplearse otros *verbos copulativos* como *parecer* y *resultar*: «Ese candidato *parece* el bueno» o «El bueno *parece* ese candidato». «La investigación *resultó* todo un éxito» o «Todo un éxito *resultó* la investigación».

# Capítulo 7

## Oración simple II: el predicado

## Las ventajas de la conjugación

Del otro lado del sujeto está el predicado, el cual puede constar de cuatro elementos. El primerísimo es, por supuesto, el verbo conjugado. Se trata de su núcleo, su *corazón*. Ya sabemos que, para identificar el sujeto, lo más conveniente es buscar el verbo y preguntarse qué o quién realiza su acción. Para esto nos ayuda la conjugación.

Esta nos indica muchas cosas. La conjugación del verbo nos dice, por ejemplo, si el sujeto es singular o plural: la diferencia entre *fui* y *fuimos*. Nos dice en qué tiempo se realiza la acción del verbo: la diferencia entre *voy*, *fui* e *iré*. Nos dice la *persona* del verbo, y hay tres: primera persona (yo, nosotros, [-as]), segunda persona (tú, vos,[1] vosotros, [-as], usted, [-es]) y tercera persona (él, ella, ellos, [-as], o cualquier persona o cosa en singular o plural que no sea de la primera o segunda personas; es decir, *todo lo demás*). También nos dice si el verbo pertenece al modo indicativo o subjuntivo: la diferencia entre *voy* y *vaya*, *fui* y *fuera*.[2]

---

[1] El *vos* es el equivalente del *tú* en varios países sudamericanos, en partes de América Central e incluso en partes del estado de Chiapas, en México. Si usted tiene interés en cómo se conjuga esta segunda persona, puede consultar el *Diccionario de la Lengua Española* (el DLE) en internet: dle.rae.es. Cada infinitivo tiene un botón azul que dice «Conjugar». En el DLE aparecen todas las conjugaciones de cada verbo que está en el diccionario, incluyendo las del vos. Si busca *comprar*, por ejemplo, en el renglón correspondiente a la 2ª persona encontrará *compras* / *comprás*. La segunda forma, *comprás*, corresponde al *vos*: «Vos comprás el periódico todos los días». El voseo no es monolítico. Tiene varias modalidades. El *Diccionario panhispánico de dudas* tiene un buen artículo sobre el particular. Puede consultarse en: https://www.rae.es/dpd/voseo.

[2] Afortunadamente, los hablantes nativos del castellano no suelen tener problema alguno para usar correctamente los modos, aunque a veces pueden surgir confusiones cuando es

El verbo puede ser una sola palabra, como *adelantaste* o *golpearon*; compuesto, como *he decidido* o *habrás ganado*, o perifrástico, como *van a ver*, *acaba de fallecer*, *he de ir*, *tengo que estudiar* o *estoy escribiendo*. El núcleo del verbo, sin embargo, siempre será la parte conjugada: *he* en «he decidido» y «he de ir»; *van* en «van a ver»; *acaba* en «acaba de fallecer»; *tengo* en «tengo que estudiar»; *estoy* en «estoy escribiendo». Y lo sabemos bien: solo hay un verbo conjugado por oración. Recordemos que los verboides —los infinitivos, los gerundios y los participios (activos y pasivos)— *no* son verbos conjugados y no cuentan como tales. Si usted escribe la oración «El traidor llegó a la capital con el propósito de impedir la instauración del Gobierno constitucionalmente electo», ahí solo hay un verbo: *llegó*. La palabra *impedir* es infinitivo, y *electo* es participio pasivo de *elegir*.[3] En otras palabras, no son verbos y la oración es simple. Hasta aquí, entonces, solamente hemos visto esto:

Pero hay otros tres complementos posibles: el directo, el indirecto y los circunstanciales. Antes de seguir, recordemos que el predicado puede ser dividido en dos partes, a diferencia del sujeto, que no puede partirse.

### Predicados en un solo bloque:
La tintorería *está abierta hasta las nueve*.
Los magistrados *aún no deciden qué hacer con ese caso*.
La economía *parece estar en caída libre desde junio del año pasado*.

### Predicados divididos en dos bloques:
*Está abierta* la tintorería *hasta las nueve*.
*Aún no deciden* los magistrados *qué hacer con ese caso*.
*Desde junio del año pasado* la economía *parece estar en caída libre*.

---

posible emplear cualquiera de los dos, como en esta proposición: «Tal vez *fue* por gusto». También podría emplearse el subjuntivo: «Tal vez *haya* ido por gusto» o «Tal vez *haya* sido por gusto». Pero nadie cometería el error de decir o escribir: «Quiero que *vienes* a mi fiesta» sino «Quiero que *vengas* a mi fiesta».
3 También podría escribirse «elegido»; ambas formas son correctas. «Electo» es preferible cuando alguien o un grupo de personas ha sido elegido pero aún no ha tomado posesión.

El sujeto, como ya lo hemos apuntado, no puede dividirse. No se puede decir «La *está abierta* tintorería» ni «Los *aún no deciden* magistrados» ni «La *parece estar en caída libre* economía». Los sujetos siempre serán indivisibles, sean simples o complejos. Se entienden como un *bloque*. Y los predicados sí son divisibles precisamente porque pueden tener más de un elemento. Veamos, pues, los tres restantes.

# El complemento directo

Únicamente puede haber complemento directo si el verbo es transitivo. Y eso no es todo: puede haber un solo complemento directo por oración. Los verbos transitivos *trasmiten* o *transfieren* su acción a un objeto. Su acción *recae* en un objeto. Este es el *complemento de objeto directo* o, de manera abreviada, el *complemento directo*. Y la cuestión es mutua: si hay complemento directo, el verbo es transitivo; si el verbo es transitivo, hay complemento directo.

Hay muchísimos más verbos transitivos que intransitivos, pero también hay una buena cantidad de verbos que, siendo comúnmente transitivos, también podrían emplearse intransitivamente. Si uno no está seguro de si un verbo debe usarse transitiva o intransitivamente —o de si puede usarse de ambas maneras—, puede buscarlo en el diccionario. Allí se indicará la naturaleza del verbo. Por ejemplo, el verbo *iniciar* es un verdadero dolor de cabeza, pero no para ciertos periodistas (sobre todo de *Reforma*) y los locutores de radio y televisión que abusan de él despreocupadamente. Si lo buscamos en el *Diccionario de la Lengua Española* (DLE), encontraremos esto:

conjugar **iniciar.**
(Del lat. *initiāre*).
1. tr. comenzar (II dar principio a algo). Iniciar la marcha, la sesión.
2. tr. Introducir o instruir a alguien en la práctica de un culto o en las reglas de una sociedad, especialmente si se considera secreta o misteriosa. *Lo iniciaron en aquel culto ancestral.* U. t. c. prnl.
3. tr. Proporcionar a alguien los primeros conocimientos o experiencias sobre algo. *Su mentora lo inició en el arte desde muy pequeño.* U. t. c. prnl.
4. prnl. Dar comienzo. *Fue allí donde se inició el incendio.*
Real Academia Española © Todos los derechos reservados

¿Ve usted esas letras después de la enumeración de las acepciones? Del 1 al 3 aparece la abreviatura «tr.». Esto significa que en esas tres acepciones el verbo es empleado *transitivamente*; es decir, con complemento directo. En la cuarta acepción el verbo es empleado *pronominalmente*.[4] Esto es lo que significa la abreviatura «prnl.». Vemos que también existe la posibilidad del uso pronominal en las acepciones 2 y 3. ¿Cuál es el problema, entonces?

Los locutores de radio y televisión —y todos aquellos que los imitan— gustan de usar *iniciar* como si fuera intransitivo, sin complemento directo. Dicen, por ejemplo: «El partido *inicia* a las 19:30 horas». La pregunta obligada es «¿Qué inicia el partido?, o El partido inicia... ¿qué cosa?».

¿En qué complemento directo recae la acción de *iniciar*? Evidentemente, no recae en nada. Este es un caso donde un verbo transitivo está usado como si fuera intransitivo, con lo cual se violan las reglas gramaticales del español.[5] Su sinónimo *comenzar*, sin embargo, sí puede ser tanto transitivo como intransitivo. Veamos el diccionario:

`conjugar` **comenzar.**

(Del lat. vulg. *cominitiare*).

5.  tr. empezar (II dar principio).
6.  intr. Dicho de una cosa: empezar (II tener principio). *Ahora comienza la misa. Aquí comienza el tratado.*

Real Academia Española © Todos los derechos reservados

Uno sí puede escribir o decir «El partido *comienza* a las 19:30 horas», porque el verbo *comenzar*, como vemos en el DLE, no tiene que ser forzosamente transitivo. Cuando escribimos «El senador comenzó su carrera con un traspié», empleamos el verbo transitivamente, pues *su carrera* es el complemento directo; recae en ella (en *su carrera*) la acción de *comenzó*. ¿Qué comenzó el senador? Respuesta: *su carrera*. Utilizado intransitivamente, no requiere complemento directo: «Usted y yo *comenzaremos* pronto». Aquí «usted y yo» no vamos a *comenzar* ninguna tarea específica, o por lo menos ninguna ha sido mencionada. No hay complemento directo porque el verbo, aquí, es intransitivo.

---

4 Se dice que un verbo es empleado *pronominalmente* cuando usa un pronombre. Verbos usados pronominalmente son, por ejemplo: *se venden, te atreviste, nos vamos, me arrepiento, os jactáis...*

5 Queda por verse, desde luego, si las Academias de la Lengua, tanto de España como de los países de América, terminarán dándose por vencidas y aceptando el verbo *iniciar* como intransitivo, amén de transitivo. Solo el tiempo lo dirá. Yo apuesto a que sí tomarán esa decisión, por lo extendido de su uso. ¡Mis gustos personales tienen poco que ver en el asunto! Pero *mientras son peras o manzanas*, hay que aplicar la regla estrictamente en la escritura formal.

¿Cómo podrían mejorar su castellano los locutores de radio y televisión? Respuesta: utilizando la forma pronominal de *iniciar*: «El partido *se iniciará* a las 19:30 horas». Solo hay que ver el ejemplo de la cuarta acepción en el DLE.

Algo muy parecido ocurre con el verbo *aplicar*, que también es transitivo. Los anuncios publicitarios alegan, incesantemente, que «*aplican* restricciones» cuando, en realidad, lo que quieren decir es «*se aplican* restricciones». Aquí parecería que el complemento directo es «restricciones», pero en ese caso, ¡nos falta el sujeto! No puede ser tácito, porque sería la tercera persona impersonal, como cuando decimos: «Te *hablan* por teléfono», cuyo significado real es «*Alguien*» o «*X*» te habla por teléfono. Aquí los que aplican las restricciones son entes de carne y hueso, *muy* personales. Se trata de los directores de empresa que no quieren ser demandados por los clientes que se enojan cuando no reciben lo que se les ha ofrecido.

Resumiendo, hay que recalcar que todo verbo transitivo tendrá su complemento directo. Si usted no se lo pone, estará usando el verbo *intransitivamente*. En casos de duda, hay que consultar el diccionario. Veamos unos cuantos ejemplos de verbos transitivos con sus complementos directos. Los verbos irán en letra cursiva; los complementos directos serán subrayados.

El director de la Reserva Nacional *encargó* una encuesta entre los bancos principales.

El sindicato de maestros independientes *desafiará* una orden de la lideresa de la corriente oficialista.

La empleada *empuña* el revólver de su patrón para amagar al violador.

Los complementos directos pueden ser representados por pronombres. En primera persona son *me* (singular) y *nos* (plural); a veces con el refuerzo *mí* y *nosotros*, siempre después de la preposición *a*. En segunda persona son *te* (a veces con el refuerzo *ti*, siempre después de la preposición *a*) y *os* (en el discurso familiar), y *lo*, *la*, *los* y *las* (con el refuerzo *usted* y *ustedes* en el formal).[6] En tercera persona son *lo*, *la*, *los* y *las*. Podemos reelaborar los tres ejemplos anteriores con pronombres. En estos casos, todos serán de tercera persona.

---

6 Ejemplos con estos refuerzos: «A *mí* me vieron ayer». «A *nosotros* nos levantaron a las seis de la mañana». «A *ti* te eligieron de entre 100 candidatos». «A *usted*(es) lo(s) acusarán de fraude electoral». También el pronombre de la segunda persona plural familiar (*os*) puede reforzarse: «A vosotros *os* emplearán como obreros agrícolas».

El director de la Reserva Nacional <u>la</u> *encargó*.
El sindicato de maestros independientes <u>la</u> *desafiará*.
La empleada <u>lo</u> *empuña*.

Veamos también ejemplos del uso del complemento directo en las primeras dos personas:

Rodrigo <u>me</u> vio [<u>a mí</u>] en el partido de beisbol.
La directora <u>nos</u> entregó [<u>a Martín y a mí</u>] al policía.
Nadie <u>te</u> quiere [<u>a ti</u>] como yo.

Ahora, por no dejar, veamos un par de conjugaciones no comunes en México:

Vos siempre *borrás* <u>mi nombre</u>. / Vos siempre <u>lo</u> *borrás*.
*He elegido* a <u>vosotros</u>. / <u>Os</u> *he elegido*.

Una de las *pruebas* para saber si alguna palabra o frase es el complemento directo de la oración consiste en sustituirlo por su pronombre. Pero como los pronombres de las primeras dos personas son los mismos para los complementos directos e indirectos, solo funciona con complementos directos en tercera persona. La otra *prueba* consiste en pasar la oración a la voz pasiva. Enseguida veremos cómo hacer esto con los tres ejemplos originales. En el capítulo 17 se ofrece una revisión más a fondo sobre cómo construir la voz pasiva.

## En voz activa:

El director de la Reserva Nacional *encargó* <u>una encuesta</u> entre los bancos principales.
El sindicato de maestros independientes *desafiará* <u>una orden de la lideresa de la corriente oficialista</u>.
La empleada *empuña* <u>el revólver de su patrón</u> para amagar al violador.

## En voz pasiva:

<u>Una encuesta</u> fue encargada entre los bancos principales por el director de la Reserva Nacional.
<u>Una orden de la lideresa de la corriente oficialista</u> será desafiada por el sindicato de maestros independientes.
<u>El revólver de su patrón</u> es empuñado por la empleada para amagar al violador.

Si una oración puede trasladarse a la voz pasiva, sabemos que es transitivo el verbo de la oración original en voz activa y que existe complemento directo, pues este se convierte en el *sujeto pasivo* o *paciente* de la oración, y el sujeto en voz activa se convierte en el *agente* de la oración en voz pasiva. Si el verbo fuese intransitivo, sería imposible trasladar la oración a la voz pasiva. Pongamos por caso la siguiente oración: «El avión arribó a las once de la noche». El verbo *arribó* es intransitivo: su acción no puede recaer en ningún objeto. Nadie puede *arribar* un avión. Eso sí: uno puede *pilotear* un avión, pero el avión solamente *arriba* a su destino; no *arriba* nada ni puede ser *arribado*. Si aun así intentáramos trasladar esta oración a voz pasiva, saldría un disparate como este: «Arribado fue el avión a las once de la noche». ¡No tiene sentido! Verbos intransitivos parecidos son *salir, ir, llegar, aterrizar, surgir, triunfar, emerger, brotar, descollar, sobresalir...* No puedo *salir* al intruso sino que debo *hacer que salga*. No puedo *triunfar* a un competidor, pero puedo *hacer que triunfe*. No puedo *descollar* al estudiante, pero puedo *hacer que descuelle*. Y en todos los casos el sujeto solo puede realizar la acción intransitivamente, sin complemento directo:

El intruso *salió* del recinto.
Aquel competidor *triunfó* contra todos los pronósticos.
Ese estudiante *descuella* entre todos.

## Sobre la *a* personal y la *a* del acusativo

La palabra *acusativo* proviene de la gramática latina. En este idioma, madre del nuestro, existen *casos*, y cada caso tiene *desinencias*, o *terminaciones*, que indican la función de un sustantivo y sus adjetivos dentro de la oración. Los sujetos, por ejemplo, pertenecen al caso *nominativo*; los posesivos, al *genitivo*; los complementos indirectos, al *dativo*, y los complementos directos, al *acusativo*. Cada caso tiene terminaciones propias, en singular y plural, para identificar la función de la palabra. Hay más casos, pero con esto se dará usted una buena idea.

Nosotros, por fortuna, no tenemos casos *per se*, pero sí heredamos la lógica de la gramática latina. Incluso, aún guardamos algunos rastros del viejo sistema de declinación de los antiguos romanos. La palabra *muchacha* siempre será *muchacha*, sea sujeto, complemento directo, indirecto o parte del circunstancial. En eso hemos avanzado mucho. Pero sí tenemos *yo, mí, mi, me; tú, tu, ti, te...* Son rastros de aquel sistema donde la palabra mostraba diferencias por el caso al cual pertenecía.

# Oración simple II: el predicado

En el español moderno suele estar claro, por la sintaxis, qué palabra es el sujeto y cuál es el complemento directo. Si escribimos «Esta dependencia adquiere bienes fungibles regularmente mediante el Departamento de Adquisiciones», está bien claro cuál es el complemento directo: *bienes fungibles*. No requerimos ninguna desinencia. Y cuando se trata de seres humanos como complementos directos, les anteponemos la preposición *a*, la llamada *a personal*: «Localicé *a* Esteban en Facebook». «Investigamos *a* Graciela por sus nexos con el sospechoso». «Leonel quiere *a* su primo». También solemos usar esta *a personal* cuando se trata de nuestras mascotas porque así las *humanizamos*: «He buscado *a* Manchitas por todas partes». «¿No piensas bañar *a* Fidelio?». Incluso la usamos cuando se trata de países o ciudades: «Yo nunca olvidaré *a* Manizales». «Es preciso evaluar *a* Guadalajara como sede del Mundial de Futbol».

Hay ocasiones, sin embargo, en que debemos usar la preposición *a* antes de un complemento directo aun cuando no se trata ni de un ser humano ni de una mascota ni de un país o una ciudad. Se vuelve necesario cuando no está claro cuál es el sujeto, y cuál, el complemento directo. Cuando esto sucede, debemos anteponerle *la a del acusativo* al complemento directo para que el lector no se confunda. Veamos este ejemplo, planteado de dos maneras diferentes:

> Busca la mediocridad el favoritismo.
> Busca el favoritismo la mediocridad.
> La mediocridad busca el favoritismo.

Lo único que está claro es el núcleo del predicado: *busca*. En el primer caso, uno podría pensar, de entrada, que el sujeto es *la mediocridad*, pero no necesariamente: también puede ser *el favoritismo*. Si cambiáramos *favoritismo* por *Juan*, esto se volvería evidente: «Busca la mediocridad Juan». Se ve, en esta versión, que el sujeto no es *la mediocridad* sino *Juan*. La sintaxis, en castellano, no siempre garantiza una fácil identificación de la función de las palabras, por ser un idioma tan flexible en comparación con otros, como el francés, el alemán o el inglés.

Lo mismo podemos alegar de la segunda versión y de la tercera. *Parece* a primera vista que *el favoritismo* es el sujeto, pero podría ser *la mediocridad*. Hagamos el mismo experimento, cambiando *mediocridad* por *Juan*: «Busca el favoritismo Juan». Está claro que el último elemento también puede ser el sujeto. Para resolver este problema —que no surge todos los días pero surge—, el redactor debe emplear la «a del acusativo» antes de la palabra que, en efecto, es el complemento directo. Si yo, como redactor, pienso que es el favoritismo el que es buscado por la mediocridad, escribiré: *La mediocridad busca* al *favori-*

*tismo*. Si considero que es la mediocridad la que es buscada por el favoritismo, escribiré: *El favoritismo busca* a *la mediocridad*. Un ejemplo más, tomado de *Redacción sin dolor*:

Hirió el puma el jaguar.

¿Cuál de estos felinos hirió al otro? Para saberlo sin que haya lugar a dudas, es preciso colocar *la* a *del acusativo* antes del animal agredido: *Hirió* al *puma el jaguar*. O: *Hirió el puma* al *jaguar*. O, aprovechando la flexibilidad legendaria del castellano: *Hirió el jaguar* al *puma*. O: *Hirió* al *jaguar el puma*. O: *El puma hirió* al *jaguar*. O: *El jaguar hirió* al *puma*. Son seis órdenes sintácticos diferentes para dos posibilidades de agresión. También el verbo puede cambiar de posición: *Al puma hirió el jaguar*, etcétera.

# El complemento indirecto: beneficio o perjuicio

El complemento indirecto es menos complicado que el directo. Como sucede con los directos, solo puede haber *un* complemento indirecto por oración. Pero a diferencia de los directos, la acción del verbo no recae en los indirectos. Su función es otra: indica *en beneficio o perjuicio de quién, o de qué, se realiza la acción del verbo*. Siempre es precedido por la preposición *a*, no importa si se trata de una persona, un objeto, un concepto o una abstracción, y en la tercera persona (o la segunda persona del discurso formal) sus pronombres son *le* y *les*. Como apuntamos anteriormente, los pronombres de las primeras dos personas, en singular y plural, son los mismos que usan los complementos directos.[7]

¿Qué significa, entonces, que la acción del verbo se realiza *en beneficio* o *perjuicio de algo o alguien*? En verdad, significa precisamente eso: la acción del verbo se realiza para beneficiar o perjudicar a alguien o algo. Veamos estos cuatro ejemplos. Los verbos aparecerán en letra cursiva; los complementos directos, en letra negrita; los indirectos, subrayados:

---

7 En primera persona son *me* (singular) y *nos* (plural, a veces con el refuerzo *a nosotros*, siempre después de la preposición *a*). En segunda persona son *te* (a veces con el refuerzo *ti*, siempre después de la preposición *a*) y *os* (en el discurso familiar, a veces con el refuerzo *vosotros*, siempre después de la preposición *a*).

El príncipe *construyó* **un palacio** <u>a su amada</u>.
El sobrino *robó* **la quincena** <u>a su tío</u>.
Nosotros *quitamos* **el título** <u>al Manchester United</u>.
El primer ministro *regalará* **un incunable** <u>a la Biblioteca Nacional</u>.

En el primero, *su amada* se beneficia de la construcción que realizó el príncipe. En el segundo, *su tío* sale perjudicado del robo efectuado por el sobrino. En el tercero, *el Manchester United* ha sido perjudicado por nosotros, porque le quitamos su título. En el último, la Biblioteca Nacional sale ganando con el incunable que el primer ministro le va a regalar. En todos estos casos, hay también un complemento directo. Esta es la situación más común. Pero, a veces, hay complementos indirectos sin directos:

Cada país <u>le</u> *va* <u>a su selección nacional</u>.
Usted *puede apostar* <u>a su favorito</u>.
¡No <u>le</u> tires <u>al pianista</u>!
Los padres no *deben pegar<u>les</u>* <u>a sus hijos</u>.
Matilde <u>le</u> *llegó* <u>al precio</u>.
<u>A la bruja Matiana</u> le *salió* una verruga.

En muchos de estos casos, como se ve aquí, es posible emplear el pronombre *le* o *les* (en tercera persona) para reforzar el complemento indirecto. En el segundo ejemplo, podríamos haber escrito «Usted puede apostarle a su favorito», aunque no es estrictamente necesario. En el tercer ejemplo, el *le* es necesario, porque sin él parecería que *el pianista* es complemento directo. En ese caso significaría «¡No avientes al pianista!» o «¡No deseches al pianista! [¡No lo tires a la basura!]». Debemos dedicar unas palabras al cuarto ejemplo: «Los padres no deben pegarles a sus hijos». Muchos hablantes y redactores olvidan que los pronombres de complemento indirecto deben concordar en número con los sustantivos que representan. En este caso, el pronombre *les* debe concordar en número con *sus hijos*. Pero es frecuente leer y escuchar construcciones como «No *le* pegues a tus hijos», que es un solecismo que debe evitarse a toda costa. Uno puede escribir o decir «No pegues a tus hijos» o «No les pegues a tus hijos», pero jamás «No le pegues a tus hijos».

Como hemos visto, es común que existan simultáneamente complementos directos e indirectos. Y también es común que los sustituyamos por pronombres, los cuales ya hemos visto. Para las primeras dos personas son iguales (véase la nota 22), y difieren para la tercera persona y la segunda persona del discurso formal: *le* y *les*, tratándose de los indirectos; *lo*, *la*, *los* y *las*, tratándose de los directos.

Surgen problemas cuando, en la tercera persona (o en la segunda persona del discurso formal) sustituimos ambos por sus pronombres. Afortunadamente, no hay problema cuando se trata de las dos primeras personas y la segunda persona del discurso informal. ¿En qué consiste, entonces, el problema de la tercera persona? Veamos.

Pablo *compró* u**n libro** a los vendedores ambulantes.
La maestra *leyó* **un cuento** a sus alumnos.

El pronombre de **un libro** es **lo**. El pronombre de los vendedores ambulantes es les. Son los mismos pronombres si analizamos el segundo ejemplo. Podemos hacer sustituciones solitarias (de uno solo de los complementos, sea el directo o el indirecto):

Pablo les *compró* **un libro**.
La maestra les *leyó* **un cuento**.
Pablo **lo** *compró* a los vendedores ambulantes.
La maestra **lo** *leyó* a sus alumnos.

Pero ¿qué sucede si hacemos la doble sustitución, si sustituimos simultáneamente los complementos directos e indirectos por sus pronombres? Por regla gramatical, no podemos juntar *le* y *lo*, ni *les* y *lo* (o *la*, ni sus versiones plurales). Veamos qué ridículo sonaría violar esta regla gramatical:

Pablo les **lo** compró.
La maestra les **lo** leyó.

Por eso, debemos usar las combinaciones *se lo*, *se la*, *se los*, *se las*, según el número gramatical (singular o plural) de complementos directos e indirectos. Ahora hagamos la sustitución correcta en estos casos, pero antes repitamos las versiones originales.

Pablo *compró* **un libro** a los vendedores ambulantes.
La maestra *leyó* **un cuento** a sus alumnos.

## Con la doble sustitución:
Pablo se **lo** compró.
La maestra se **lo** leyó.

# Oración simple II: el predicado

El error común radica en creer que el pronombre **lo** debe ser plural, **los**, porque el complemento indirecto («los vendedores ambulantes», «sus alumnos») es plural. Leemos y escuchamos con frecuencia construcciones como «Pablo se los compró» cuando les compró *un solo libro*, o «La maestra se los leyó», cuando les leyó *un solo cuento*. Una de las sentencias erróneas más comunes que se escuchan es «Se los dije» cuando la idea es «Les dije *eso* a ustedes». Lo correcto es «Se *lo* dije». El pronombre *se* encierra lo plural. La palabra *lo* en este caso es neutro (podría significar *esto*, *eso*, *ello* o *aquello*), y por tal debe ser singular. La gente dice y escribe «Se los dije» porque extraña la presencia del plural; se le olvida que está en el pronombre *se*. Pero si esto mismo se planteara en el *vosotros* (2ª persona plural del discurso informal), no se equivocarían: «Os lo dije». ¡Nadie diría o escribiría «Os los dije», a menos que *los* realmente fuera pronombre plural, como en «Os dije los 10 mandamientos»: *Os los dije*. Con el pronombre de vosotros, *os*, la gente no se equivoca porque *oye* la *s* y se le registra *lo plural*.

Este error es muy común en América, donde no se emplea el vosotros. Apuesto lo que sea a que el vosotros no volverá, pero no por eso debemos aceptar el solecismo «Se los dije» y todas las demás combinaciones donde los hablantes y redactores usan un pronombre de complemento directo plural cuando debe ser singular. No hay que olvidar que el pronombre *se* puede ser singular o plural, según el caso.

El Instituto Nacional Electoral *envió* r**ecomendaciones**
a todos los partidos. / El INE se **las** *envió*.
El Instituto Nacional Electoral *envió* **una recomendación**
a todos los partidos. / El INE se **la** *envió*.
Yo *dije* **eso** a usted. / Yo se *lo* *dije*.
Yo *dije* **la verdad** a usted. / Yo se **la** *dije*.
Yo *dije* **verdades** a ustedes. / Yo se **las** *dije*.

Si a usted no le gustara decir o escribir «Se lo dije» cuando se dirige a varias personas, si le parece que se queda corto, ¿por qué no agrega «a ustedes»?

Se lo dije a ustedes.

Así no extrañará usted el plural ni violará la gramática castellana. Esto se aplica a muchísimos verbos con pronombres de complementos directos e indirectos en tercera persona empleados simultáneamente. «¡Se lo he advertido!» (a usted), y «¡Se lo he advertido!» (a ustedes).

# Los complementos circunstanciales: uno, dos o más...

Como su nombre indica, los complementos circunstanciales aclaran en qué circunstancias se realiza la acción del verbo. Hay diferentes maneras de especificar estas circunstancias, pero sin buscar casos exóticos o raros, hay una docena que vale la pena examinar, conocer y emplear libremente en la redacción. Aquí pondré estas 12 clases de complemento circunstancial en orden alfabético:

agente,[8] causa, destinatario, destino, finalidad, lugar, materia, medio, modo, instrumento, origen, tiempo

El gran atractivo de los complementos circunstanciales, en términos de sintaxis, radica en su movilidad: el hecho de que pueden entrar en diferentes lugares de la oración. Además, no hay pronombres que los sustituyan, lo que simplifica nuestra tarea. Los complementos circunstanciales pueden colocarse al principio de la oración (antes del sujeto y del verbo), entre el sujeto y el verbo (cualquiera que venga primero) o después del verbo. Y si hay más de un complemento circunstancial, algo que sucede con frecuencia, pueden ir juntos o pueden separarse, según nuestras necesidades expresivas. También podemos alterar la sintaxis para evitar cacofonías o confusiones.

La sintaxis natural, el *orden lógico* de la oración simple, en su totalidad, es esta:

| sujeto | núcleo de predicado | complemento directo | complemento indirecto | complementos circunstanciales |
|--------|---------------------|---------------------|-----------------------|-------------------------------|

Cuando se sigue esta estructura *natural*, no hace falta incluir ninguna puntuación, como veremos en el capítulo 10. Pero al empezar a jugar con la sintaxis, es muy posible que en algunos casos se requieran comas, y en algunos casos de mayor complejidad, incluso punto y comas. Pero veremos cuestiones de puntuación más adelante. Por lo pronto, basta que usted se fije en la puntuación que se emplea en los ejemplos que se verán a continuación. Así, cuando llegue el momento de explicar el porqué de cada signo, usted se habrá familiarizado

---

8 El complemento de agente solo se usa en la voz pasiva: «El informe fue escrito *por la trabajadora social*».

con las diferentes estructuras. De este modo, con los complementos circunstanciales habremos visto *todo* lo que puede entrar en una oración simple. Será nuestra base, una base *sólida*, para la construcción de toda suerte de oraciones compuestas a partir del próximo capítulo.

Conviene registrar algunas de las posibilidades sintácticas de las cuales hablamos en el segundo párrafo de este capítulo:

## Orden sintáctico natural
## (con verbos transitivos):
El viento arrancó una rama al árbol cerca de la torre.
La Fundación donará una fortuna a la universidad
por motivos conocidos.
Una huelga echó a perder varios semestres a los alumnos en
el pasado reciente.

| sujeto | núcleo de predicado | complemento directo | complemento indirecto | complemento circunstancial |
|--------|---------------------|---------------------|------------------------|----------------------------|
| El viento | arrancó | una rama | al árbol | cerca de la torre. |
| La fundación | donará | una fortuna | a la universidad | por motivos conocidos. |
| Una huelga | echó a perder | varios semestres | a los alumnos | en el pasado reciente. |

En estos tres ejemplos hemos utilizado verbos transitivos para que hubiera, también, complementos directos. Podría haber más complementos circunstanciales, pero por lo pronto veamos cómo podemos alterar la sintaxis de estas oraciones sin que por ello se vuelvan difíciles de comprender. Fíjese en que, aun cambiados de lugar, cada elemento retiene su función dentro de la oración:

Cerca de la torre, arrancó el viento una rama al árbol.
A la universidad, por motivos conocidos, la Fundación donará una fortuna.
En el pasado reciente, echó a perder una huelga varios semestres
a los alumnos.

## Otras oraciones simples, pero con más de un complemento circunstancial:

*A la medianoche, con un fierro,* el ladrón abrió la puerta
*junto a la ventana.*

Los delegados dejaron sus maletas *en el hotel antes de la cena para poder
andar más ligeros.*

O: *Para andar más ligeros,* los delegados, *antes de la cena,* dejaron sus
maletas *en el hotel.*

*Con mucho cuidado, sin despertar a nadie, para ver el rostro de su amada
tenuemente iluminado por la luna,* el poeta dirigió su mirada *hacia la ventana
abierta gracias a su habilidad para manejar esta clase de videojuegos
diseñados para voyeristas.*

O: *Gracias a su habilidad para manejar esta clase de videojuegos
diseñados para voyeristas,* el poeta dirigió su mirada
*con mucho cuidado, sin despertar a nadie, hacia la ventana abierta para
ver el rostro de su amada, tenuemente iluminado por la luna.*

En el lenguaje oral, es común que pongamos cualquiera de las tres clases de complemento antes del verbo. Cuando hacemos esto, se dice que realizamos una *inversión sintáctica.* Y cuando se trata de los complementos directo e indirecto, muchas veces los *reduplicamos* con pronombres. Los que siguen son buenos ejemplos de inversiones sintácticas de los complementos directo e indirecto en el lenguaje oral. Los complementos están en letra cursiva, y los pronombres de la reduplicación, subrayados:

*A mi hermano* lo corrieron vilmente de su trabajo.
*Esa película* la vi hace un año en París.
*Las computadoras* hay que comprarlas en oferta.
*A las autoridades* nunca se les puede dar gato por liebre.

En el lenguaje escrito, sin embargo, evitamos hacer inversiones sintácticas con los complementos directos e indirectos. Casi siempre mejora la redacción cuando no se realiza esta clase de inversión. Para una buena redacción debemos construir las oraciones anteriores de la siguiente manera. En todas las versiones sintácticas, los complementos directos e indirectos vienen después del verbo; el que tiene movilidad es el complemento circunstancial:

Corrieron vilmente a mi hermano de su trabajo. / Corrieron a mi hermano vilmente de su trabajo. / Corrieron a mi hermano de su trabajo vilmente.

# Oración simple II: el predicado

Vi esa película hace un año en París. / En París, hace un año, vi esa película. / Hace un año vi esa película en París.

Hay que comprar las computadoras en oferta. / En oferta, hay que comprar las computadoras.

Nunca se puede dar gato por liebre a las autoridades.

Las inversiones con complementos circunstanciales, sin embargo, pueden realizarse sin problema, tanto en el lenguaje oral como en el escrito, como podemos comprobar en los ejemplos que acabamos de ver. Lo que sí justifica la inversión de complementos directos e indirectos en la escritura, es la necesidad de hacer énfasis en estos complementos, como aquí se constata:

*A mí* me descontaron. (Es decir: no fue a un desconocido).

*A los maestros* los balearon. (Es decir: no se trataba de narcotraficantes, por ejemplo).

Sin duda, los complementos circunstanciales más comunes son de tiempo, lugar, causa y modo. Veamos unos cuantos ejemplos, con y sin inversiones sintácticas:

## Tiempo:

*El año pasado* llegaron muchas solicitudes.

La música suena *todo el día*.

¿El gabinete tendrá su reunión *mañana*?

## Lugar:

El asesino dejó el automóvil *junto al del candidato*.

*Aquí* no importan los celos.

Hernán Cortés dejó un contingente *en Veracruz*.

## Causa:

*Por culpa del diputado* no pudimos estrenar la obra.

Cancelaron el partido final *debido a la lluvia*.

*Por razones de fuerza mayor*, no podré declarar mi candidatura a la presidencia.

## Modo:

Los bancos están inventando cobros nuevos *alegremente*.

Hay que hacer las tareas *de buena gana*.

El aprendiz de redactor debe escribir *con sencillez, como los expertos*.[9]

Ahora veamos unos cuantos ejemplos de complementos circunstanciales de agente, destinatario, finalidad e instrumento:

## Agente:

El sistema eléctrico fue diseñado *por ingenieros de esta universidad*.

Los juegos olímpicos serán inaugurados *por un corredor ciego*.

El cuarteto fue interpretado *por los hermanos del compositor*.

## Destinatario:

Escribió su libro *para la posteridad*.

Nosotros concebimos esa obra *para el público en general*.

No lo hagas *para mí*.

## Finalidad:

Este libro sirve *para aprender a escribir*.

Los niños deben comer bien *para crecer*.

El candidato hizo trampa *con el único fin de ganar las elecciones*.

## Instrumento:

La Luna puede observarse *con un telescopio*.

¿Piensan sacar al bebé *con fórceps*?

El mecánico pudo abrir la tapa del motor *con una llave métrica*.

Finalmente, toca ver los complementos circunstanciales de destino, materia, medio y origen:

## Destino:

Vamos *a Madrid*.

Estarás viajando *hacia la frontera*.

¿Vamos *para la universidad*?

---

9 Aquí son dos complementos circunstanciales de modo: *con sencillez* y *como los expertos*.

## Materia:

Esa mesa está hecha *de madera*.
Construyeron el edificio *de puro acero*.
Hicieron un búnker *de concreto armado*.

## Medio:

No es recomendable dar detalles *por teléfono*.
*Por internet* es fácil encontrar los datos requeridos.
El suegro, *por carta*, envió sus mejores deseos.

## Origen:

Somos *de Valladolid*.
Vengo *desde Cartagena de Indias*.
*De las entrañas de su imaginación* salió ese monstruo.

Con esta revisión de los complementos circunstanciales, usted ha terminado de ver los cuatro elementos que pueden figurar dentro de cualquier oración simple. Como se señaló con anterioridad, no hay más. Todo cuanto usted pueda escribir estará hecho de estos elementos, pero podrá combinarlos de manera prácticamente infinita mediante oraciones compuestas de índole muy diversa. Esto le dará una gran libertad a la hora de escribir. Si usted reconoce cada elemento de sus oraciones —el sujeto, el verbo y sus complementos—, podrá organizarlas y combinarlas a su gusto y según sus necesidades, con la puntuación y la sintaxis que brinden fluidez, claridad, expresividad y precisión a sus escritos.

# Capítulo 8

## Oraciones compuestas I: coordinación

### (encabalgamiento y el uso del punto)

## La oración compuesta: el arte de las combinaciones infinitas

La oración simple es la base del idioma, sea oral o escrito. Pero si nos ponemos a analizar el lenguaje oral, encontraremos que emplea pocas oraciones simples en comparación con las compuestas. Lo mismo sucede en la escritura. En términos generales, entre 70 y 80% de las oraciones escritas en un texto formal —un ensayo, un informe, una reseña, un reporte— serán compuestas. Resulta imposible hacer el cálculo de manera exacta cuando se trata de una conversación porque no tenemos cómo saber si el hablante, de escribir lo que dice en voz alta, utilizaría puntos, punto y comas o dos puntos. ¡Todo se junta y todo se revuelve! Y lo maravilloso: *todo se comprende*. Pero no es así en el lenguaje escrito. Lo único que volverá comprensible nuestra escritura será el control que ejerzamos sobre ella.

Cada oración debe tener su verbo, su sujeto (aunque sea tácito) y los complementos necesarios. Y en el momento de combinar oraciones para formar oraciones compuestas, debemos observar una serie de reglas —o lineamientos— que nos ayudarán a mantener el control. La escritura nunca debe desbocarse. Quien manda sobre la página en blanco es el redactor. Las palabras deben ser nuestras *esclavas* en cuanto deben hacer exactamente lo que nosotros queremos de ellas. Pero si nosotros nos convertimos en los esclavos de las palabras, si nos enredamos con ellas, también estaremos enredando a nuestros lectores. Y estos, despreocupadamente, salvarán la situación apartando nuestro escrito para hacer cualquier otra cosa menos desagradable que leer un texto confuso, mal escrito.

# No encabalgarás

Hay una sola manera de crear una oración compuesta a partir de dos oraciones simples: establecer entre ellas *una relación gramatical*. Y solo hay dos tipos de relaciones gramaticales en el castellano: *coordinación* y *subordinación*. No estamos hablando de relaciones *ideológicas*. Entre cualesquiera oraciones que estén juntas dentro de un párrafo habrá relación ideológica, pues discurren sobre una misma idea o ideas relacionadas. Al hablar de *relación gramatical* solo nos referimos al hecho de que exista *coordinación*, por un lado, o *subordinación*, por el otro.

Si creamos una proposición, como esta, con dos o más verbos, será una oración compuesta. Si entre las dos o más oraciones de la proposición no existe una relación de coordinación o subordinación, se habrá incurrido en uno de los errores más graves de la redacción, y de hecho es el más común: el encabalgamiento. Y si echamos un vistazo al «Apéndice 3», veremos que el primero de los Diez Mandamientos de la Buena Redacción es, precisamente, ¡No encabalgarás!

La definición breve de encabalgamiento —aunque no del todo precisa— es «el error de poner una coma entre dos oraciones cuando debe ir un punto».[1] La incluyo aquí por sencilla y porque identifica a la coma como la principal culpable en términos de puntuación, pero si le hacemos demasiado caso, y si el redactor no comprende el encabalgamiento en toda su dimensión, correrá el riesgo de poner puntos en lugar de cualesquiera comas (o, simplemente, de quitar comas que sí son necesarias), lo que algunos han dado en llamar el *antiencabalgamiento*, que es tan grave como el encabalgamiento, o peor. Aquí pondré la verdadera definición del encabalgamiento, aunque pueda sonar un poco complicada a la primera leída:

> *El encabalgamiento ocurre cuando unimos,*
> *en una sola proposición, dos oraciones sin que entre ellas*
> *exista una relación de coordinación o subordinación.*

Fíjese en que aquí no se menciona la coma, precisamente porque en muchas ocasiones ni coma ponen los encabalgadores: tan inconscientes son de lo que están haciendo. Con esta definición debe quedar claro que *no pueden meterse*

---

1 Así me han contestado, en muchas ocasiones, mis alumnos cuando les he preguntado en qué consiste el encabalgamiento. Ilustra muy bien el hecho de que han identificado al culpable más común: la coma. Pero el encabalgamiento es un poco más complicado, como se verá enseguida.

*dos oraciones dentro de una sola proposición* si no establecemos entre ellas una *relación gramatical*, sea de *coordinación* o *subordinación*.

Veamos unos ejemplos para aclarar todo esto. Usted puede escribir: «Las hormonas no controlan nuestras acciones». Se trata de una oración simple. Después podrá escribir: «Somos humanos con libre albedrío». También es una oración simple. Aquí he puesto las dos, una tras otra, con un punto y seguido antes de la segunda:

> Las hormonas no controlan nuestras acciones. Somos humanos
> con libre albedrío.

En términos gramaticales, tenemos dos proposiciones, y cada una es una oración simple. Entre ellas no existe ninguna relación gramatical. ¡Por eso está el punto! Cuando decimos que la gente *encabalga*, nos referimos al hecho de que suele meter una coma entre dos oraciones simples que no guardan entre sí ninguna relación gramatical. Intentan formar con ellas una sola proposición, probablemente porque está redactando *a la manera oral*; *está tomando dictado de su inconsciente*. Cuando esto ocurre, *no* estamos pensando en términos gramaticales. Es entonces cuando se cuela la coma indebida, tal vez porque pensamos que «debe ir una pausa». Esto mismo sucedió en el ejemplo que sigue:

> ☒ Las hormonas no controlan nuestras acciones, somos
> humanos con libre albedrío.

¡Mal hecho! Pongamos algunos ejemplos más. Primero irán las dos oraciones encabalgadas, y después las veremos simples e independientes, con su necesario punto y seguido. En tercer lugar, veremos otras maneras de corregir el encabalgamiento.

> ☒ La basura taponó el drenaje, el municipio tuvo
> que desazolvar el sistema.
> La basura taponó el drenaje. El municipio tuvo
> que desazolvar el sistema.
> La basura taponó el drenaje, y el municipio tuvo
> que desazolvar el sistema.

> ☒ El Consejo emitió su fallo ayer la gente no estaba enterada
> de la reunión.

El Consejo emitió su fallo ayer. La gente no estaba enterada
de la reunión.

El Consejo emitió su fallo ayer porque la gente no estaba enterada
de la reunión.

[x] Me llamo Juan Francisco Ordóñez Santillana, nací en la
ciudad de San Juan, Puerto Rico.

Me llamo Juan Francisco Ordóñez Santillana. Nací en la ciudad
de San Juan, Puerto Rico.

Me llamo Juan Francisco Ordóñez Santillana; nací en la ciudad
de San Juan, Puerto Rico.

[x] Las lluvias no cesan, las obras seguirán de todas maneras.

Las lluvias no cesan. Las obras seguirán de todas maneras.

Las lluvias no cesan pero las obras seguirán de todas maneras.

[x] Ese estado no tiene dinero, intentará conseguirlo mediante
una declaración de emergencia.

Ese estado no tiene dinero. Intentará conseguirlo mediante
una declaración de emergencia.

Aunque ese estado no tiene dinero, intentará conseguirlo mediante
una declaración de emergencia.

[x] Se acabó, ya me voy.

Se acabó. Ya me voy.

Se acabó: ya me voy.

Como puede verse, hay muchas maneras de corregir el encabalgamiento; solo es necesario establecer entre las oraciones alguna relación gramatical, como veremos a partir de la siguiente sección de este capítulo. De hecho, una de las metas principales de este y el próximo capítulo es enseñar cómo establecer las relaciones gramaticales mencionadas: la coordinación y la subordinación.

Es pertinente aclarar, además, que no importa si las oraciones son breves o largas: si no hay relación gramatical entre ellas, se tratará de un encabalgamiento.

# La coordinación

Para coordinar dos oraciones, basta colocar entre ellas cualquiera de las siguientes palabras: *y, ni, o, pero, sino que*. *Y* es una *conjunción copulativa*, igual que *ni*, solo que esta es negativa. La *o* es una conjunción disyuntiva, e indica una opción entre dos o más posibilidades: «Tomaré un café o me sentaré a leer un buen manual de redacción, o haré las dos cosas simultáneamente». *Pero*, por su parte, es una *conjunción adversativa*, pues indica adversidad, como cuando decimos «Quiero comprar ese coche *pero* no tengo suficiente dinero». La frase adversativa *sino que* también funciona como conjunción adversativa, y la usamos para afirmar algo después de una negación: «No compré ese coche *sino que* me puse a trabajar».

Recordemos que *y* tiene su *alter ego*, *e*, el cual usamos antes de palabras que empiezan con el sonido [i]: *Sánchez* e *hijos*. Lo mismo sucede con la *o*, que tiene su propio *alter ego*, la *u*: *Días* u *horas*. A su vez, *pero* tiene su sinónimo literario: *mas*. ¡Pero cuídese mucho de ponerle tilde! Si se la pone, lo convertirá en *más*, y este es un adverbio comparativo, no una conjunción. Para coordinar dos oraciones, entonces, solo tenemos que escoger de entre estas conjunciones, y la frase adversativa *sino que*,[2] la que más se apegue al sentido de lo que deseamos expresar. Los verbos de cada oración aparecen en letra cursiva, y la conjunción está en letra negrita.

## Ejemplos de oraciones coordinadas con conjunciones y *sino que*:

Los bancos *habían estado entregando* tarjetas de crédito a personas sin historial crediticio alguno, **y** las instituciones *están pagando* el precio ahora.

Los estudios no *arrojaron* resultados positivos **ni** *pronostican* cambios en el futuro cercano.

Los dinosaurios *perecieron* víctimas de un gran impacto de meteorito **o** *sufrieron* alguna otra catástrofe ecológica desconocida hasta el momento.

---

2 Como veremos en el capítulo 9, la palabra *que* y todas las palabras que combinan con *que*, como *porque, aunque, ya que, debido a que, a pesar de que*, etcétera, subordinan. La única versión de *que* que no subordina es, precisamente, *sino que*, la cual sirve para coordinar.

# Oraciones compuestas I: coordinación

La legislación actual no *considera* esa figura **pero** el Senado
pronto la *tomará* en cuenta.

El cuento no *plantea* una relación lésbica abiertamente **ni** *busca explotar*
este aspecto de la relación de manera sensacionalista **sino que** *ahonda* en
el sentimiento amoroso entre dos mujeres, **y** ninguna de las dos *guarda*
sospechas acerca de su capacidad de enamorarse de una persona
de su propio sexo **pero** pronto *descubrirán* lo anteriormente impensable,
**o** *habrán asimilado* la posibilidad sin decírselo a nadie.

Es importante que se fije usted en la última proposición donde hemos coordinado seis oraciones diferentes mediante las cuatro conjunciones y la frase adversativa *sino que*. Ilustra bien las posibilidades de la coordinación, la cual no tiene por qué limitarse a dos oraciones. Aun así, esta proposición es un poco larga y difícil de asimilar, a pesar de que está correctamente redactada. Y en este caso no se incluyó ninguna oración subordinada, simplemente porque aún no las hemos estudiado, pero en el mundo real combinamos coordinaciones con subordinaciones. Esto puede conducir a proposiciones excesivamente largas y complicadas. Debemos controlar esto dentro de la medida de nuestras posibilidades, ¡que son muchas!

Mi recomendación es que el redactor, como regla general, no debe escribir proposiciones que rebasen los tres renglones de una hoja tamaño carta, escrita a 12 puntos en una fuente usual, como Times New Roman o Arial.[3] ¡Pero solo es una sugerencia! Si uno se pasa unas cuantas palabras, y la proposición está correctamente redactada, seguramente no sucederá nada malo. Se requiere mucho *colmillo*, mucho conocimiento y control, para escribir proposiciones muy largas que sigan siendo fácilmente comprensibles. No es cuestión de tratar al lector como menor de edad. Al contrario: se trata de respetarlo. Él no tiene la culpa si nosotros no organizamos y acotamos nuestros pensamientos de manera clara y precisa. Los razonamientos flojos o a medias conducen a una redacción floja cuya lógica solo funciona a medias. El punto y seguido, por esto, es una bendición que el redactor debe agradecer. El *lector* lo agradece de todo corazón porque le permite separar y relacionar las ideas sin confundirlas. La coordinación establece nexos muy importantes, pero llega el momento en que el redactor debe poner *punto* antes de introducir la siguiente idea. De otra manera, el lector puede sentirse abrumado, mareado. No es necesario simplificar las ideas sino la manera en que las expresamos: su estructura oracional.

---

3 Hay otras fuentes que son mucho más angostas o anchas.

# Yuxtaposición: punto y coma [ ; ]

Hay otra manera de coordinar dos o más oraciones. Se llama *coordinación por yuxtaposición*. Aquí no utilizaremos conjunción alguna sino el punto y coma o los dos puntos.[4] En el capítulo 12 veremos con toda calma las diferencias entre estos signos, cuándo usarlos y por qué. Mientras tanto, veremos algunas consideraciones generales y una serie de ejemplos que ilustren cómo coordinar dos o más oraciones mediante la yuxtaposición.

Empecemos con el punto y coma. Como regla general, donde ponemos un punto y seguido, podríamos —en teoría— poner un punto y coma. Y al revés: donde ponemos un punto y coma, en teoría podríamos poner un punto y seguido.[5] En otras palabras, el punto y coma *no* es «un punto intermedio entre el punto y la coma», por bonito que suene esta definición tan desafortunada. En términos gramaticales, el punto y coma es tan tajante como el punto y seguido. Para decirlo pronto, la diferencia entre el punto y el punto y coma es *ideológica*, no gramatical. Cuando el redactor elige emplear un punto y coma entre dos oraciones independientes (que no guardan relación gramatical alguna entre sí), lo hace porque desea mandar una señal al lector. Es como si le dijera: «¡Ojo! La oración antes del punto y coma guarda una relación muy estrecha con la que viene después, *más* estrecha que lo normal».

El signo de rigor que empleamos entre oraciones que no guardan relación gramatical entre sí es, desde luego, el punto. Lo usamos para no encabalgar cuando no coordinamos ni subordinamos. El punto aparece con mucha frecuencia. En lo que vamos de este párrafo, ya han aparecido cuatro, incluyendo este. Poner punto y seguido entre una y otra oración no *corta* las ideas ni *interrumpe* el flujo del discurso. Simplemente *organiza* nuestras ideas con toda claridad según un razonamiento *gramatical*. Al usar el punto y coma, sin embargo, indicamos *una relación ideológica aún más estrecha* entre dos oraciones, tal como lo anunciamos al final del párrafo anterior.

Es muy importante que el redactor comprenda que no debe abusar del punto y coma. Lo mismo puede afirmarse acerca de los dos puntos. Si usamos estos signos con excesiva liberalidad, dejarán de ser efectivos, perderán sentido. Se convertirían en otro punto y seguido. Pero si los usamos solo cuando realmente hacen falta, nuestra redacción crecerá en expresividad.

---

4 Como se verá un poco más adelante, también es posible yuxtaponer oraciones con una coma, pero *solo si se trata de oraciones en serie*. De otra manera estaríamos encabalgando.
5 Las excepciones a este aserto tienen que ver con frases seriadas con otras frases parentéticas, las cuales requieren conjuntos de coma y punto y coma. Esto se verá en el capítulo 12, cuando se vea el punto y coma con más detalle.

En los ejemplos que siguen, veremos proposiciones que emplean la coordinación por yuxtaposición, usando el punto y coma. Los verbos de cada oración aparecen en letra cursiva.

La administración no *puede hacerse* responsable de las consecuencias de una medida de tal naturaleza; solo *asumirá* la responsabilidad en casos de intervención directa.

El secretario de gobernación *goza* de ciertos privilegios dentro del gabinete; no *requiere* permiso especial para ver al presidente.

En música las tonalidades no *guardan*, en sí, cualidades intrínsecas; una pieza en sol mayor *sonará* más o menos igual en la mayor, solo un poco más bajo.

La tecnología *forma parte* de la idiosincrasia humana; *nos distinguimos* de otros animales precisamente por nuestro afán de crear nuevas herramientas, cada vez más útiles.

En los primeros dos ejemplos, las oraciones yuxtapuestas comparten el mismo sujeto: *la administración* y *el secretario de gobernación*. Esta situación —el hecho de compartir un mismo sujeto— conduce de manera natural a que las oraciones guarden una relación ideológica más estrecha que la que generalmente existe entre dos oraciones independientes. El punto y coma simplemente lo anuncia al lector sin llamar la atención demasiado. Pero el que dos oraciones compartan el mismo sujeto no requiere, de ninguna manera, el uso del punto y coma; simplemente lo favorece en algunos casos. Solo el autor puede determinar cuándo será conveniente usarlo.

En los últimos dos ejemplos, el sujeto cambia. Tenemos, en el tercer ejemplo, *las tonalidades* y *una pieza en sol mayor*. En el cuarto, *la tecnología* y *nosotros* (sujeto tácito). Lo que justifica el uso del punto y coma es la extrema cercanía ideológica entre las dos oraciones.

Para que el punto y coma retenga su efectividad en un escrito, no debe ser el signo de puntuación más abundante. Al contrario. Si hubiera un punto y coma por cada punto y seguido, ya lo estaríamos debilitando. Un punto y coma por cada cuatro o cinco puntos y seguido estaría más cerca de una proporción que mantuviera la efectividad de este signo de puntuación tan importante. Lo mismo puede afirmarse de los dos puntos, como veremos enseguida, en la última parte de este capítulo. Pero dicho signo tiene más aplicaciones que el punto y coma, así que en algunos casos no *contaría* de la misma manera en una recomendación general como esta.

# Yuxtaposición: dos puntos [ : ]

Los dos puntos, como veremos en el capítulo 12, tienen varios usos muy diferentes entre sí. En este momento no ahondaremos en todos ellos. Únicamente veremos el uso de los dos puntos entre dos oraciones independientes que deseamos yuxtaponer dentro de una sola proposición.

Si el punto y coma manda un mensaje discreto al lector acerca de la cercanía ideológica entre las oraciones que se encuentran antes y después del signo, el mensaje de los dos puntos es menos discreto y, por ende, más poderoso. En otras palabras, los dos puntos van más lejos: insinúan una relación causal entre las dos oraciones. La primera puede ser causa de lo que se anuncia en la segunda, o puede anunciar el efecto de una causa. Para decirlo de otra manera, los dos puntos pueden anunciar una determinación, una cosecuencia, una conclusión o, incluso, una explicación. Veamos unos cuantos ejemplos. Los verbos de cada oración aparecen en letra cursiva.

### Determinación:

La subida constante del nivel del agua en esa municipalidad marítima
*ha vuelto* insostenible la vida humana allí: la población *será trasladada*
a comunidades de mayor elevación.

El uso excesivo de calculadoras entre los alumnos *contribuye* a una
disminución de sus habilidades aritméticas: a partir del año próximo,
solo *permitiremos* su uso para verificar resultados encontrados a la
vieja usanza.

### Consecuencia:

Las protestas *cimbraron* las conciencias de la clase en el poder:
*habrá* elecciones libres dentro de tres meses.

La fotografía *desbancó* a la pintura como el medio idóneo
para hacer retratos: ahora los pintores *retratan* aquello invisible
para las cámaras fotográficas.

**Conclusión:**

Los aviones del general insurrecto *están atacando* el palacio presidencial:
ya no *hay* nada que hacer.

Centenares de estudios científicos *han comprobado*, sin lugar
a dudas, la cualidad nociva de los cigarros: no los *comercializaremos*
en este supermercado.

**Explicación:**

Ciertos libros *se venden* como pan caliente: *llenan* una profunda necesidad.

Los tradicionales automóviles grandes y pesados casi no *tienen*
aceptación entre el público: el precio de la gasolina los
*ha vuelto* imprácticos.

Como ya se dijo al inicio de este apartado, los dos puntos tienen otros usos
varios, los cuales veremos en el capítulo 12.

## Yuxtaposición: la coma serial

¡Cuidado con el encabalgamiento! O como el mandamiento reza: *No encabalgarás*. Si ponemos una coma entre cualquier par de dos oraciones independientes, no las estaremos coordinando sino *encabalgando*. Y no quisiéramos caer en un error tan grave y peligroso. Pero aun así es posible yuxtaponer *cierto tipo de oraciones* con una coma: la coma serial. Si las oraciones vienen en serie, no solo *podemos* yuxtaponerlas con una coma, sino que *es obligatorio* yuxtaponerlas con una coma. Así lo dicta la primerísima regla de la coma que veremos en el capítulo 10: la coma se emplea para separar palabras, frases *u oraciones en serie*.

Pero ¿qué significa la expresión *oraciones en serie* u *oraciones seriadas*? Hay que tener mucho cuidado aquí porque es fácil confundirse, sobre todo si uno, leyendo en voz alta lo que ha escrito, *alza* la voz al final de cada oración, lo cual podría dar la *sensación* de estar leyendo oraciones seriadas cuando no lo son.[6]

Las oraciones en serie son como los eslabones de una cadena, como los vagones del metro... Guardan una gran semejanza en su estructura. En general comparten el mismo sujeto que realiza acciones diferentes, una tras otra. En

---

6 De nuevo: los efectos especiales de la oralidad no tienen nada que ver con la buena redacción. Cada lenguaje tiene sus reglas, ventajas y desventajas.

ocasiones, tienen sujetos diferentes que realizan, en cadena, acciones parecidas. Aquí consignaré algunos ejemplos que aclararán estos conceptos. Los sujetos aparecerán en letra negrita (y entre corchetes si son tácitos) y los verbos aparecerán en letra cursiva.

## Oraciones seriadas, yuxtapuestas con coma, con el mismo sujeto:

**El asesino** *se acercó* a la puerta, *levantó* su rifle, *enfocó* a su víctima y *jaló* el gatillo.

**Comer bien y hacer ejercicio** nos *vuelve* más sanos, *alarga* la vida, *fortalece* nuestro organismo.[7]

**Los solicitantes** *llenarán* los formularios, *harán* este examen y *esperarán* los resultados dentro de dos semanas.

**[Yo]** *Acepté* el encargo, *fui* a la Biblioteca Nacional, *consulté* las viejas ediciones y *escribí* un pequeño ensayo, origen lejano de este libro.[8]

## Oraciones seriadas, yuxtapuestas con coma, con sujetos diferentes:

**Los más inteligentes** *ahorran*, **los más atrevidos** *viven* sin pensar en sus ahorros, **los más tontos** ni siquiera *saben* el significado de la palabra «ahorro».

**Los académicos** no *apoyaron* esa huelga, **los administrativos** *salieron* a la calle a manifestarse, **los padres de familia** *se enojaron* por las clases perdidas y **los alumnos** *se fueron* a la playa.

Las mismas reglas del uso de la coma serial cuando se trata de separar palabras y frases, se aplican aquí tratándose de oraciones seriadas: o se usa coma entre una y otra oración, o se usa alguna otra conjunción como *o* o *ni*. En el segundo ejemplo no se emplea la *y*, que es lo más común entre la última

---

7 Aquí, el sujeto complejo *Comer bien y hacer ejercicio* se entiende como una sola acción vital. Por eso los verbos conciertan en singular y no en plural, como podría esperarse en casos parecidos, como «Alberto e Ismael *llegaron* temprano, *se apuntaron* en la lista e *hicieron* el examen».
8 Octavio Paz, *Sor Juana Inés de la Cruz* o *Las trampas de la fe*, 2ª ed., Ciudad de México, Fondo de Cultura Económica, 1994. (© 1991), p. 17.

y penúltima oraciones. Usar una coma en su lugar vuelve la proposición más sentenciosa. Esto es precisamente lo que se busca en ese ejemplo. Lo mismo puede afirmarse de la primera proposición del segundo grupo, el de los sujetos diferentes. Desde luego pueden usarse puras *y* o puros *ni*. Esto creará el *efecto letanía*:

> **El marido** *abrió* su maleta **y** *guardó* su ropa **y** *aventó* las llaves sobre la mesa **y** *salió* del departamento con un portazo.

> **El indiciado** no *dio* ningún aviso **ni** *mostró* clemencia **ni** *tomó en cuenta* a los futuros niños huérfanos.

## Palabras finales acerca de la coordinación

Hay varias maneras de coordinar oraciones simples, independientes; de combinarlas dentro de una sola proposición.[9] Podemos usar las conjunciones *y*, *ni*, *o*, *pero*, o la frase adversativa *sino que*. También podemos emplear el punto y coma, sin conjunción alguna, cuando deseamos señalar una relación más cercana que la usual entre las dos oraciones que yuxtapondremos. Otra opción son los dos puntos cuando deseamos dar a entender una relación de causa-efecto entre las oraciones: una determinación, una conclusión, una consecuencia o una explicación. Y, finalmente, podemos emplear una coma serial entre oraciones, siempre y cuando sean *seriadas*, como acabamos de ver.

Lo que deseamos evitar, a toda costa, es el *encabalgamiento* tan temido. Este vicio de la mala redacción enturbia nuestro discurso y confunde al lector, quien no tiene cómo saber a ciencia cierta qué verbo pertenece a qué sujeto, ni qué complementos a qué verbos. El encabalgamiento, para decirlo pronto, es un desastre que debemos evitar a como dé lugar.

En el próximo capítulo veremos la otra manera de establecer una relación gramatical entre oraciones sencillas, independientes: la *subordinación*. Y eso es bueno porque, al subordinar una oración a otra independiente, eliminamos toda posibilidad de encabalgamiento. ¡Enhorabuena!

---

9 Esta proposición es un buen ejemplo del uso del punto y coma que *no* se emplea entre dos oraciones independientes sino cuando se incluye alguna frase parentética, tal como se había anunciado en la nota 4.

# Capítulo 9

## Oraciones compuestas II: subordinación

Como hemos visto, hay dos clases de coordinación: pueden emplearse las conjunciones *y*, *ni*, *o*, *pero*, *sino que*, o pueden yuxtaponerse dos oraciones independientes mediante punto y coma o dos puntos. También puede utilizarse la coma (mas solo cuando se trata de separar oraciones seriadas). Ahora toca estudiar la otra manera de crear oraciones compuestas: la *subordinación*. Hay tres clases de subordinación claramente diferenciadas:

> → subordinación sustantiva
> → subordinación adjetiva
> → subordinación circunstancial

Antes de seguir adelante, tal vez sea necesario que usted se relaje, que respire profundo y que me permita asegurarle que usted no va a pasarla mal en este capítulo. ¡Al contrario! Va a divertirse mucho. No tiene por qué asustarse con los términos. Más bien debe verlos bien, razonarlos, comprenderlos y —finalmente— asimilarlos. Son necesarios porque, de otra manera, no hallaremos cómo entendernos.

Como los músicos hablan de sus *modos mixolidio* o *jónico*; de *bemoles*, *sostenidos* o *modulaciones*, y como los pintores hablan de *lontananza*, *perspectiva* o *punta seca*, y los médicos, de *contusiones* y *abrasiones*, o de *fracturas múltiples al peroné*, nosotros también tenemos nuestras *palabritas* técnicas. Nos permiten localizar rápidamente un problema y remediarlo, igual que los médicos, los músicos y los pintores. En el peor de los casos, usted se armará de una serie de frases para impresionar: «¿No quieres subir a ver mi colección de oraciones subordinadas sustantivas de sujeto?». ¡Esa no falla!

En serio: estudiaremos cada clase de oración subordinada, se explicará detalladamente cómo funcionan, y usted no va a confundirse más de la cuenta. Y las confusiones que pudiera haber, serán resueltas con los ejemplos. Palabra de honor.

# El detector de subordinaciones

Es muy frecuente que las personas no sepan distinguir entre una oración independiente y otra subordinada. Se asustan. Entran en *shock*. Pero esto no debe suceder porque hay un método sencillísimo para detectar la presencia de una oración subordinada. Es como los detectores de metales que se usan en los aeropuertos, solo que esos sí pueden fallar, mientras que nuestro *detector de subordinaciones* nunca se equivoca. Este consiste en una simple lista de 11 palabras, fácilmente reconocibles, memorizables y agrupables en dos bloques. La cuestión es esta: si después de cualquiera de estas palabras hay un verbo conjugado, ese verbo será el núcleo de una oración subordinada. Le digo: nunca falla. Veamos, pues, la lista. El primer bloque consta de seis palabras:

que
como
cuando
cuan
donde
quien

El segundo bloque consta de cinco:

conforme
mientras
pues
según
si

En dos grupos será más fácil memorizar las 11 palabras. El *si* no tiene acento porque es el *si* condicional: *Compraría ese coche* si *tuviera dinero.*

Ahora bien, la palabra *que* tiene sus *sinónimos*, que son solo dos (con sus versiones plurales): *cual* (*-es*) y su forma posesiva *cuyo* (-a, -os, -as). La palabra *que* también se combina con otras: *aunque* y *porque*. Además, puede usarse en conjunción con otras palabras que se escriben separadamente: *ya que*, *con que*, *mientras que*, *puesto que*, *debido a que*, *por que*, *a pesar de que*, etcétera. La única versión de *que* que *no* subordina, como vimos en el capítulo 8, es *sino que*, la cual coordina.[1] *Cuan*, a su vez, tiene su *cuanto*, y *quien* —desde luego— tiene su forma plural: *quienes*. Las otras tres palabras son invariables. Si uno puede memorizar las 11 palabras básicas, y no creo que sea un problema excesivamente difícil, podrá agregar las otras derivadas sin mayores complicaciones. Veamos, pues, la lista completa. Son 19 en total, incluyendo las variantes:

que (cual, -es), (cuyo, -a, -os, -as)
como
cuando
cuan, cuanto
donde
quien, quienes
———
conforme
mientras
pues
según
si

## Una consideración aparte

Antes de continuar debo explicar algo acerca de esta lista, de nuestro *detector de subordinaciones*. Hay una instancia cuando algunas de estas palabras, antes de un verbo, *no* dan lugar a oraciones subordinadas. «¡Ya ve! —dirán tres o cuatro lectores—. ¡Este primero dice una cosa, y luego nos sale con otra! ¿No que

---

1 La conjunción ilativa *conque* no figura en estas cuestiones porque su función no es la de introducir oraciones subordinadas ni coordinadas sino de enunciar consecuencias o para encabezar frases exclamativas o interrogativas. El *Diccionario panhispánico de dudas* pone estos ejemplos: «*Este árabe es peligrosísimo, conque mucho cuidado*» (Lezama *Oppiano* [Cuba 1977]). «*Conque eres bordadora y remendadora, pues mira, estoy por decirte que vengas un día a casa, tenemos trabajo para ti*» (Vázquez *Narboni* [Esp. 1976]); «*Ah, ¿conque llamáis Cigüeña a Gerardo, eh?*» (Delibes *Madera* [Esp. 1987]). «*Testó él [...] a favor de su esposa, con el conque de que si ella moría, su herencia pasaba a los paisanos*» (Asturias *Papa* [Guat. 1954]); «*Ya me las apañaría pa exigir ganao de recibo, que aquí está el conque, Marquitos, en el ganao*» (DzCañabate *Paseíllo* [Esp. 1970]).

muy fácil? ¡Ja!». ¡Calma! (Digo yo). No es para tanto... Pero sí hay que explicarlo con cuidado. Después seguiremos viendo las tres clases de subordinación. ¿De acuerdo?

Usted reconocerá las palabras del primer bloque como las «palabras periodísticas», las que se emplean para identificar cada aspecto de un suceso noticioso. (¿Qué sucedió? ¿Quién lo hizo? ¿Cómo lo hizo? ¿Cuándo lo hizo? ¿Dónde lo hizo? ¿Cuánto robaron?). Recordar esta relación ayuda a memorizarlas, pero en lo que ahora nos atañe —las oraciones subordinadas— estas palabras no funcionan como sí funcionan aquí: como *pronombres* o *adverbios interrogativos directos* (así se llaman), ni siquiera como exclamativos (¡Qué guapa estás! ¡Cómo has crecido!). Estas preguntas y exclamaciones *no* son oraciones subordinadas. Son oraciones simples planteadas como interrogaciones o exclamaciones. Nada más.

Cuando iniciamos una pregunta con alguna de estas palabras, utilizando signos de interrogación, estamos usando un *pronombre* o un *adverbio interrogativo directo*. Recuerde que se emplean signos de apertura y cierre en estos casos:

¿*Qué* sabes del partido? (Pronombre interrogativo directo)
¿*Cómo* llegaste? (Adverbio interrogativo directo)
¿*Cuándo* se presentará el proyecto de ley? (Adverbio interrogativo directo)
¿*Dónde* será el cónclave? (Adverbio interrogativo directo)
¿*Quién* dijo que sería sencillo? (Pronombre interrogativo directo)
¿*Cuánto* gastaste en la venta nocturna? (Adverbio interrogativo directo)

Todas estas siguen siendo oraciones simples. También hay preguntas, o interrogantes, que no emplean estos pronombres o adverbios interrogativos directos. Son muy comunes, e igualmente simples:

¿Puede prepararme un café americano sin leche ni azúcar, por favor?
¿Vamos a presentarnos públicamente?
¿Ese perro es tuyo?
¿Estas computadoras tienen conectividad inalámbrica?
¿Todavía queda pollo para hacer ensalada?

La pregunta es, entonces, ¿cuándo van a introducir oraciones subordinadas las *palabras periodísticas* de nuestra lista?[2] La respuesta es *siempre que no sean*

---

2 Las otras cinco —*conforme, según, mientras, pues, si*—, seguidas de un verbo, siempre introducirán oraciones subordinadas, así que están más allá de cualquier confusión posible.

*pronombres o adverbios interrogativos directos*. Como estos, sin falta, figuran después del signo de abrir, es muy fácil desecharlos si estamos buscando oraciones subordinadas.

Hay que zanjar otra posible confusión, y —otra vez— es una simple cuestión de terminología: estas mismas palabras pueden emplearse como pronombres o adverbios interrogativos *indirectos*, es decir, *sin* que los preceda el signo de interrogación, e introducirán oraciones subordinadas (las cuales aparecen subrayadas):

Los diputados desconocen *cómo* hicieron el cálculo.
Los economistas deducirán *cuándo* la medida dejará de ser provechosa.
Tú no sabes *cuánto* te amo.
Los infractores menores no tienen *dónde* puedan atenderse médicamente.
Ellos pretenden ignorar *qué* hay detrás del movimiento.

Y, aunque figuren dentro de una pregunta cualquiera (siempre y cuando no sean la pregunta en sí), seguirán introduciendo oraciones subordinadas (que aparecen subrayadas):

¿Los diputados desconocen *cómo* hicieron el cálculo?
¿Los economistas deducirán *cuándo* la medida dejará de ser provechosa?
¿Tú no sabes *cuánto* te amo?
¿Los infractores menores no tienen *dónde* puedan atenderse médicamente?
¿Ellos pretenden ignorar *qué* hay detrás del movimiento?

Sigamos viendo ejemplos de interrogativos directos e indirectos para que no quede ninguna duda. Las oraciones subordinadas están subrayadas:

Interrogativo directo: ¿Cómo llegaste hasta aquí? (Oración simple, independiente, con adverbio interrogativo directo)
Interrogativo indirecto: No sé cómo llegaste hasta aquí.
Interrogativo indirecto dentro de una oración interrogativa:
¿Insinúas que no sé cómo llegaste hasta aquí?

Interrogativo directo: ¿Dónde están los expedientes? (Oración simple, independiente, con adverbio interrogativo directo)
Interrogativo indirecto: Usted no sabe dónde están los expedientes.
Interrogativo indirecto dentro de una oración interrogativa:
¿Quiere decirme que usted no sabe dónde están los expedientes?

Interrogativo directo: ¿Cuándo llegó el subprocurador? (Oración simple, independiente, con adverbio interrogativo directo)

Interrogativo indirecto: Ni siquiera el secretario se enteró de <u>cuándo llegó el subprocurador</u>.

Interrogativo indirecto dentro de una oración interrogativa: ¿El presidente se enteró de <u>cuándo llegó el subprocurador</u>?

Con un poco de práctica, usted diferenciará fácilmente entre los pronombres o adverbios interrogativos directos (que no introducen oraciones subordinadas), y los indirectos (que sí las introducen). Las preguntas directas emplean signos de interrogación para abrir y cerrar: «¿*Cómo* está usted?». Cuando la interrogación es directa, la pregunta no constituye una oración subordinada, como ya lo hemos explicado; al contrario, es simple. Pero en el momento en que metamos otra oración independiente *antes*, la interrogación original se convierte en interrogativa indirecta: «No sé *cómo* está usted». «A nadie le importa *cómo* está usted». «Los médicos deben investigar *cómo* está usted».

¿Se dio cuenta? Al escribir una oración independiente antes de la interrogativa directa, esta se convierte en *interrogativa indirecta*, y es en extremo común. Además, todas ellas constituyen oraciones subordinadas. Pueden, incluso, estar dentro de interrogaciones *normales* (sin los adverbios interrogativos *qué*, *cómo*, *cuándo*, *dónde*, *quién*) y seguirán siendo oraciones subordinadas. Unos cuantos ejemplos aclararán esta última consideración. Como en los anteriores, las oraciones subordinadas están subrayadas:

¿La profesora no dijo *qué* <u>temas debíamos estudiar para el examen de mañana</u>?

¿Ni uno de los investigadores sabe *cuál* <u>es la verdadera motivación del asesino serial</u>?

¿Alguien se ha preguntado *cómo* <u>vamos a salir vivos de esta reunión</u>?

¿Me quiere usted decir que el detective no investigó *cuántas* <u>toneladas de mariguana pasaron al otro lado de la frontera</u>?

¿Los manifestantes no dijeron claramente <u>a *qué* funcionario van a denunciar en la conferencia de prensa de mañana</u>?

¿Los Topos nunca preguntaron *dónde* <u>estaba el edificio colapsado</u>?

¿Nadie puede aclarar *quiénes* <u>quemaron las boletas electorales</u>?

Creo que, con esta información y estos ejemplos, usted podrá diferenciar, sin mayores problemas, entre oraciones interrogativas directas e indirectas. Hagamos la prueba. Aquí hay una lista de oraciones que contienen las 11 palabras clave para detectar oraciones subordinadas. Usted escribirá a la derecha de cada una si se trata de un uso interrogativo directo o exclamativo de estas palabras, o si se emplean para introducir una oración subordinada. Las 11 palabras de nuestra lista (con algunas de sus variantes) aparecen en letra cursiva. Como ve, algunas requieren tilde —acento escrito— y otras no. Usted solo tiene que escribir *interrogativo directo* / *exclamación* / *oración subordinada*. Recuerde que puede haber una oración subordinada, aunque esté dentro de una interrogación que *no* emplea los adverbios interrogativos directos, como cuando escribimos «¿Usted ya sabe que puedo diferenciar entre los dos?». Aquí la respuesta sería *oración subordinada*, a pesar de que se trata de una pregunta. Lo importante es que usted se fije en que no se emplea el adverbio interrogativo directo, como en este ejemplo: «¿*Cómo* podremos diferenciar entre los dos?». Aquí la respuesta sería *interrogativo directo*. Y si dijera «¡Qué fácil!», la respuesta sería *exclamación*.

## ¡Distinga usted entre lo interrogativo directo y lo exclamativo, y lo subordinado, aunque esté dentro de una interrogación!

1. Llegó el policía *cuando* el asesino se había escapado.
2. A los secuestradores no les importa *cuánto* sufren sus víctimas.
3. Necesitamos localizar el portafolios *cuyo* dueño está ahora mismo dormido en aquella oficina.
4. Las finanzas de la nación estarán a salvo, *pues* el blindaje funcionará correctamente.
5. ¿*Dónde* quedaron las bolsas de plástico?
6. ¿Alguien sabe *dónde* quedaron las bolsas de plástico?
7. Las bolsas de plástico estarán *donde* las has dejado.
8. No sé *dónde* quedaron las bolsas de plástico.
9. Los rusos están haciendo hasta lo imposible por explotar esos recursos naturales, *mientras que* en Occidente se está buscando la manera de remplazarlos con fuentes alternativas de energía.
10. *Si* no hacemos las investigaciones pertinentes, nunca sabremos el origen del virus.
11. *Mientras* no se divulgue el nombre del candidato, no debemos preocuparnos.
12. ¡*Qué* mala noticia me has dado!
13. Pocas personas se han dado cuenta de *qué* tan mala es aquella noticia.

14. Debería usted conversar con la mujer *que* acaba de entrar por aquella puerta.
15. *¿Cuándo* harán acto de presencia los señores del Ministerio Público?
16. Lo hace *cuando* se le pega su regalada gana.
17. *¿Cuándo* encontraron la carta?
18. No será fácil descubrir *quién* difundió ese rumor.
19. *Quien* se acerque a la luz, podrá ver.
20. De seguir las cosas así, difícilmente importará *cuándo* encontraron la carta.

## Respuestas:

1. Oración subordinada
2. Oración subordinada
3. Oración subordinada
4. Oración subordinada
5. Interrogativo directo
6. Oración subordinada (dentro de una interrogación)
7. Oración subordinada
8. Oración subordinada
9. Oración subordinada
10. Oración subordinada
11. Oración subordinada
12. Exclamación
13. Oración subordinada
14. Oración subordinada
15. Interrogativo directo
16. Oración subordinada
17. Interrogativo directo
18. Oración subordinada
19. Oración subordinada
20. Oración subordinada

Ahora que aclaramos la diferencia entre una oración subordinada, por un lado (aunque esté dentro de una pregunta), y las oraciones exclamativas e interrogativas directas, por el otro, podemos echar a andar nuestro flamante detector de subordinaciones. Voy a poner una serie de oraciones independientes con otras subordinadas, y usted va a localizar las subordinadas usando su detector. No tenga miedo. Si cualquiera de estas palabras es seguida de un verbo, ese es el núcleo del predicado de la oración subordinada, aunque usted no sepa todavía de qué clase de subordinación se trata. Y de manera inversa: si usted ve un verbo conjugado que *no* tiene antes ninguna de estas palabras, ese verbo será el núcleo de la oración independiente. Algunas subordinadas serán planteadas dentro de oraciones interrogativas, pero eso ya no debe ser motivo de confusión. Solo escriba en una hoja aparte las oraciones subordinadas. ¡Puede haber más de una dentro de una proposición! Para ver si realmente entendió usted lo de los interrogativos directos, incluiré algunos. En estos casos, simplemente ponga *pregunta directa* en su lista de respuestas, con lo cual se entenderá que no hay oración subordinada. ¿Listo?

1. Los empleados no necesitan a nadie que les diga cómo hacer las cosas.
2. La inflación depende de varios factores, cuyos orígenes están a la vista.
3. Si no pones atención, te vas a perder de lo más importante.
4. ¿Qué dijiste?
5. El *Felis silvestris catus* es una especie doméstica, pues suele vivir en casas particulares.
6. Mientras no me digas la verdad, no permitiré que entres en mi recámara.
7. ¿El gigantón cayó cuan largo es?
8. Cuando empezaron las protestas por la manipulación de las elecciones, la prensa internacional empezó a documentarlo todo.
9. No hay quien diga las cosas como son, como lo que podrían ser.
10. ¿Cuándo darán los resultados de los análisis prenupciales?
11. Quien no conoce la historia está condenado a repetirla.
12. Ella demuestra cuanto sabe, lo cual significa que no tiene miedo.
13. En Líbano ganó la facción pro-Occidente, mientras que en Irán triunfó el candidato oficial.
14. ¿Cuánto se va a cobrar por este servicio?
15. Aunque usted no lo crea, es fácil aprender la manera correcta de escribir oraciones compuestas.
16. Donde me digas que no sabes, dejaré la Comisión.
17. ¿Dónde está el animal?
18. ¿No saben dónde pueda estar el animal?
19. Puesto que no hay nada firmado, ¿podemos seguir ajustando los detalles que aún faltan?
20. ¿Qué entendiste?

*Respuestas (oraciones subordinadas, únicamente):*

1. que les diga cómo hacer las cosas
2. cuyos orígenes están a la vista
3. Si no pones atención
4. Pregunta directa
5. pues suele vivir en casas particulares
6. Mientras no me digas la verdad / que entres en mi recámara
7. cuan largo es
8. Cuando empezaron las protestas por la manipulación de las elecciones
9. quien diga las cosas / como son / como lo que podrían ser
10. Pregunta directa
11. Quien no conoce la historia
12. cuanto sabe / lo cual significa / que no tiene miedo
13. mientras que en Irán triunfó el candidato oficial
14. Pregunta directa
15. Aunque usted no lo crea
16. Donde me digas / que no sabes
17. Pregunta directa
18. dónde pueda estar el animal
19. Puesto que no hay nada firmado / que aún faltan
20. Pregunta directa

# La subordinación sustantiva I:
# la oración subordinada de sujeto

Con la información anterior, con el *detector de subordinaciones*, usted podrá localizar cualesquiera subordinaciones, incluyendo las suyas propias. Ahora toca estudiarlas según su función dentro de la proposición.

Si la oración subordinada que vamos a escribir funciona como un sustantivo, se trata de una *oración subordinada sustantiva*. Por ejemplo, si esta oración subordinada —toda ella— realiza la acción del verbo principal, estará fungiendo como un sujeto, a pesar de que contiene un verbo conjugado. Este verbo, sin embargo, no puede ser el principal porque vendrá después de una de las 19 palabras de nuestro *detector de subordinaciones*. En estos casos, solo podrían ser tres: *que*, *quien* o *quienes*. El *otro* verbo, el que no va precedido de una de estas palabras, será el principal, cuya acción es realizada por la oración subordinada de sujeto. En los ejemplos siguientes siempre habrá dos verbos, ambos en letra negrita: uno será el principal, y el otro, subordinado (dentro de la oración subordinada de sujeto, por supuesto). La oración principal estará subrayada, incluyendo su verbo. La oración subordinada de sujeto aparece en letra cursiva.

*El hecho de que **hayas estudiado** las oraciones subordinadas* <u>**hará**</u>
<u>tu redacción más fluida.</u>
*El que **hayas estudiado** las oraciones subordinadas* <u>**hará**</u>
<u>tu redacción más fluida.</u>
*Que **hayas estudiado** las oraciones subordinadas* <u>**hará**</u>
<u>tu redacción más fluida.</u>

Aquí es necesario señalar que el sentido de estas tres proposiciones es exactamente el mismo. La fórmula principal que da lugar a esta clase de oración subordinada de sujeto es *el hecho de que*, pero tiene otras dos formas, más breves: *el que* y, simplemente, *que*, tal como aparecen arriba. Fíjese en cómo la oración subordinada, toda, funge como sujeto y realiza la acción del verbo *hará*. Veamos un par de ejemplos más:

*El hecho de que **vayas a estudiar** a Europa* <u>no **significa**</u> *gran cosa.*
*El que me **vengas** con quejas* <u>**revela**</u> *tu verdadero interés.*
*Que **viene** fuerte* <u>**es**</u> *evidente.*

Hay solo una manera más de formar oraciones subordinadas sustantivas que funcionen como sujeto. Utilizan la palabra *quien* o sus similares *el que, la que, los que, las que* y el neutro *lo que*. En todos los casos, se trata de oraciones subordinadas sustantivas que realizarán la acción de un verbo principal, dentro de la oración principal. Serán su sujeto, pues:

*Quien **sepa** la respuesta* <u>**puede levantar**</u> *la mano.*
*La que **sepa** la respuesta* <u>**puede levantar**</u> *la mano.*

*Quien **salga** al último* <u>**debe apagar**</u> *las luces.*
*El que **salga** al último* <u>**debe apagar**</u> *las luces.*

*Quien **persevera**,* <u>**alcanza**</u>.
*Los que **perseveran**,* <u>**alcanzan**</u>.

*Lo que uno no **sabe*** <u>no le **hace**</u> *daño.*

Una oración subordinada sustantiva, precisamente porque funciona como sustantivo, puede hallarse en cualquier parte de la oración, tal como un sustantivo simple puede estar dentro del sujeto o de cualquiera de los tres complementos. Acabamos de ver su función como sujetos (y es su función más común), pero podrían fungir como complementos directos o indirectos, o estar dentro de complementos circunstanciales. En estos ejemplos, los sujetos de los verbos principales están subrayados, y las oraciones subordinadas sustantivas que fungen como complementos directos o indirectos, o las que están dentro del complemento circunstancial, están en letra cursiva:

### Oraciones subordinadas sustantivas que fungen como complementos directos:

<u>Yo</u> no **comprendo** *el hecho de que **vayas a estudiar** a Europa*.
<u>Todos</u> **sabemos** *que **viene** fuerte*.
<u>El director</u> **entiende** muy bien a *los que **perseveran***.
<u>Cordelia</u> **visualiza** *lo que uno no **sabe***.

### Oraciones subordinadas sustantivas que fungen como complementos indirectos:

<u>Nosotros</u> lo **achacamos** *al hecho de que **vayas a estudiar** a Europa*.
<u>El comité</u> **dará** todo su apoyo *al que **viene** fuerte*.
<u>El gobernador</u> **entrega** el premio *a los que **perseveran***.
<u>Los perdedores</u> siempre **podrán echar** la culpa *a lo que uno no **sabe***.

### Oraciones subordinadas sustantivas dentro de complementos circunstanciales:

<u>Nosotros</u> no **tenemos** nada contra *el hecho de que **vayas a estudiar** a Europa*.
<u>Quienes buscan colocarse en el próximo sexenio</u> **quieren estar** junto *al que **viene** fuerte*.
<u>Estas satisfacciones</u> **son** para *los que **perseveran***.
<u>Una mujer</u> **puede ganar** mucho con *lo que uno no **sabe***.

# La oración subordinada sustantiva II: las complementarias directas

Amén de las oraciones subordinadas sustantivas que pueden fungir como sujetos, complementos directos o dentro de complementos circunstanciales, hay una estructura muy común que siempre da lugar a lo que se llama una *oración subordinada de complemento directo*, o —abreviadamente— una *complementaria directa*. Estas subordinadas siempre fungirán como complementos directos: no tienen ni pueden tener otra función.

Su estructura, además, siempre será la misma. El verbo conjugado de la oración principal será *enunciativo* o *de pensamiento*. Después vendrá la conjunción *que* seguida del resto de la oración subordinada complementaria. Veamos, primero, cuáles son verbos enunciativos, y cuáles, de pensamiento. Algunos ejemplos:

## Verbos

| ENUNCIATIVOS | DE PENSAMIENTO |
|---|---|
| anunciar | pensar |
| decir | creer |
| negar | soñar |
| alegar | intuir |
| sugerir | sospechar |
| responder | suponer |
| señalar | imaginar |
| afirmar | considerar |

La diferencia entre estas dos clases de verbos radica en un solo detalle. Los enunciativos implican que alguien ha dicho algo en voz alta, aunque haya sido en un susurro; los de pensamiento, que solamente lo ha pensado; aún no llega el pensamiento a formularse en voz alta. No siempre se trata de personas. Los libros pueden *decir*, y un decreto —por ejemplo— puede *suponer* alguna situación. Hay áreas grises entre el verbo de pensamiento y el plenamente enunciativo. El verbo *escribir*, por ejemplo, cae en esta categoría. Cuando escribimos algo, ya no se encuentra únicamente en nuestro pensamiento sino que está sobre la página, donde cualquiera puede verlo y leerlo. Para efectos prácticos, ha sido *enunciado*, aunque no se haya traducido a ondas sonoras. *Plantear* es un caso parecido: las cosas pueden plantearse por escrito u oralmente. Y así hay muchos otros. Coloquemos estos verbos dentro de la estructura de la oración subordinada complementaria, la cual es la misma para ambas clases. Los verbos, tanto de las oraciones principales como de las subordinadas, aparecen en letra negrita. Las oraciones subordinadas complementarias aparecen en letra cursiva:

El juez **anunció** *que no **habría** un nuevo recurso.*
El abogado **piensa** *que **se trata** de una injusticia.*
Los policías **dicen** *que el conductor **se encontraba** en estado de ebriedad.*
Nadie **creyó** *que eso **fuera** cierto.*
Estos individuos constantemente **niegan** *que su grupo **esté**
fuera de la ley.*
Los niños **soñaron** *que ya no **iba a haber** más guerra.*
La esposa **alega** *que el marido no le **fue** infiel.*
Mis hijos **intuyen** *que algo **está** mal.*
¿**Puedo sugerir** *que **se ponga** usted a estudiar?*
Muy pocas personas **sospechan** *que aquí **hay** gato encerrado.*
El abogado **respondió** *que no **habría** represalias.*
**Se supone**[3] *que ya **hicieron** esa averiguación.*
El documento **señala** claramente *que el precio no
**fue estipulado** con claridad.*
**Imagina** *que el cielo no **existe**.*[4]
Los especialistas **afirman** *que la influenza **puede resultar**
extremadamente peligrosa.*
¿Quién **consideró** *que los especialistas **podían equivocarse**?*

*Nota:* también pueden emplearse palabras como *cómo, cuándo, dónde, quién*, etcétera:

¿Quién **consideró** *cuándo **saldría** libre el violador?*
**Imagina** *dónde **pueda estar** el cielo.*
El documento **señala** claramente *cómo **hay que presentarse**.*
Aquí no **dice** *quién **fue acusado** de pederastia.*

---

3 Al emplearse la pasiva refleja, no es necesario que haya sujeto explícito ni tácito, como en la voz activa. Véase el capítulo 17, que trata la voz pasiva y la voz pasiva refleja.
4 *Imagine there's no heaven.* Primer verso de la canción «Imagine» de John Lennon.

# Oraciones subordinadas adjetivas I: las especificativas

La segunda clase de oraciones subordinadas posee valor adjetivo. Como su nombre indica, se trata de oraciones subordinadas que *modifican, califican o anuncian alguna cualidad* de un sustantivo o una frase sustantiva anterior. Algún crítico, por ejemplo, podría alegar que este es un libro *aburridísimo*. La palabra *aburridísimo* es un adjetivo, aunque a mí —como autor del libro— no me guste. En lugar de usar este adjetivo simple, el comentarista podría emplear una oración subordinada adjetiva para calificar el sustantivo *libro*: «Este es un libro que me aburre profundamente». ¡Salió peor para mí!, pero se trata de una oración subordinada adjetiva muy bien construida. Las oraciones subordinadas adjetivas nos permiten, como redactores, ser más específicos e ir más a fondo que si nos limitáramos siempre a usar simples adjetivos.

Dentro de las oraciones subordinadas adjetivas, hay —a su vez— dos clases de subordinación: la *especificativa* y la *explicativa*. Algunas personas se asustan con estos términos, pero en realidad la idea es muy sencilla. Los nombrecitos tienen razón de ser porque *especifican de qué cosa, tema o cualidad estamos hablando*, o *explican algo acerca de ello*.

Las *oraciones subordinadas adjetivas especificativas* nos señalan exactamente a qué sustantivo uno se refiere. Por ejemplo: «Llegó un libro sobre redacción *que me aburre profundamente*». (En gustos se rompen géneros). La oración subordinada en letra cursiva *especifica* qué libro de redacción llegó, uno que lo aburre profundamente. Desde luego, me habría gustado escuchar: «Me llegó un libro *que explica con detalle cómo podemos mejorar nuestra redacción*». ¡Pero ni modo! ¡Las cosas son como son!

Lo importante aquí radica en señalar que la oración subordinada adjetiva especificativa nos *especifica* —sin lugar a dudas— de qué cosa, concepto, cualidad o fenómeno se está hablando. También se dice que estas oraciones *limitan* o *restringen* el sentido del sustantivo anterior. No es necesario que la subordinada adjetiva especificativa, aparte, agregue cualidades, pero puede hacerse, como en el caso anterior. El crítico pudo haber dicho, simplemente: «Me llegó el libro *que me enviaste*», y seguiría siendo una oración subordinada adjetiva especificativa, *porque especifica de qué libro está hablando el crítico*. (Y, claro, después podría agregar «y es buenísimo»). Podría decirse que la cualidad es *verbal* porque especifica de qué cosa se trata mediante la acción del verbo subordinado: «¡Mira la taza *que rompiste*!».

Para volver a John Lennon, podríamos traducir el primer verso de su canción «God» («Dios») de la siguiente manera: «Dios es un concepto *que usa-*

*mos para medir nuestro dolor».*[5] Modificamos «un concepto» mediante el verbo dentro de la oración subordinada *que usamos...* ¿De qué concepto hablamos? Estamos hablando del concepto *que usamos para medir nuestro dolor*, y no de otro. Por medio del verbo subordinado, *especificamos* exactamente a qué nos referimos.

El nexo subordinante de estas subordinadas especificativas suele ser el pronombre *que*, aunque podría ser *cuyo (-a, -os, -as)* si se tratara de una situación posesiva: «Me llegó un libro *cuya portada tiene una pluma fuente*». Es otra manera de decir: «Me llegó un libro *que tiene en la portada una pluma fuente*». Lo que nunca debe decirse ni escribirse es «Me llegó un libro <u>*que en su portada tiene una pluma fuente*</u>». Por eso existe el posesivo *cuyo*, para evitar construcciones tan torpes como «que en su [sus]» o «que su [sus]» como anuncian en las terminales de autobuses: «Pasajeros *que sus boletos marcan las 19 horas...*». Deben decir: «Pasajeros *cuyos boletos marcan las 19 horas...*».

Otros ejemplos:

| CON ADJETIVOS SIMPLES | CON ORACIONES SUBORDINADAS ADJETIVAS ESPECIFICATIVAS |
|---|---|
| Es un programa malo. | Es un programa *que desaprovecha muchos recursos.* |
| Nos visitó un perro simpático. | Nos visitó un perro *que hace gracias muy originales.* |
| Ese es un proyecto rebasado. | Ese es un proyecto *que las circunstancias rebasaron.* |
| Ve el periódico actual. | Ve el periódico *cuyo encabezado habla del ejército.* |
| Los DVD muestran violencia. | Los DVD muestran actos *que solo pueden ser calificados como violentos.* |
| Se trata de oraciones subordinadas adjetivas especificativas. | Se trata de oraciones subordinadas *que especifican de qué objeto, cualidad o fenómeno, de entre todos los del universo, se está hablando.* |

5 La traducción literal es: «Dios es un concepto *por el cual medimos nuestro dolor*». La letra inglesa emplea una oración subordinada circunstancial, como veremos más adelante en este capítulo.

Hay un detalle importantísimo: entre la oración principal y la subordinada *no hay ninguna puntuación*. Para decirlo aún más claramente, *nunca debe colocarse una coma entre el sustantivo, o frase sustantiva, y la oración subordinada adjetiva* **especificativa**. Si fuéramos a hacerlo, le cambiaríamos radicalmente su naturaleza: se convertiría en una *oración subordinada adjetiva* **explicativa**, como veremos enseguida.

## Oraciones subordinadas adjetivas II: las explicativas

Las subordinadas explicativas son muy diferentes de las especificativas, por dos razones. Primero, porque antes requieren una coma. Eso será *siempre*. En términos técnicos, es la coma precedente lo que las vuelve explicativas, como veremos en el próximo capítulo que habla detalladamente del uso de las comas. En segundo lugar, las explicativas *no especifican*. No aluden a objetos, cualidades, conceptos o fenómenos específicos. En lugar de ello, explican algo general acerca del objeto, cualidad, concepto o fenómeno que las antecede, o simplemente agregan información adicional o parentética (es decir, *incidental*). En otras palabras, se trata de explicaciones *genéricas* o *parentéticas*, no especificativas. Pongamos como punto de partida una oración simple, independiente:

A todos nos fascina la novela.

Podemos modificar el sustantivo *novela* con una oración subordinada adjetiva especificativa o explicativa, pero los resultados serán muy distintos. Veamos:

A todos nos fascina la novela <u>que reseñaste en el número más reciente de *Letras Libres*</u>.

Aquí, la subordinada adjetiva es *especificativa* porque nos dice exactamente a qué novela se refiere: la <u>que reseñaste en el número más reciente de *Letras Libres*</u>. Ahora va con la subordinada adjetiva explicativa:

A todos nos fascina la novela, <u>que es un género muy rico y, sobre todo, actual</u>.

Aquí no está hablándose de ninguna novela específica, sino de «la novela» como género literario; se habla de ella *en general*, o *genéricamente*; en todo caso, es información *adicional*, no esencial; también puede entenderse que esta oración subordinada explicativa da información *incidental* o *parentética*. Esto, en esencia, es lo que hacen las oraciones subordinadas adjetivas explicativas. Y, como ya apuntamos, siempre las antecede una coma.

Pueden emplear *que* y *cuyo* (*-a, -os, -as*), igual que las especificativas, pero también *el cual, la cual, los cuales* y *las cuales*, propios de las explicativas. Aquí hay una serie de oraciones simples, independientes, seguidas de las subordinadas adjetivas explicativas, en letra cursiva.

En este pasaje hace falta una **modulación**, *que* [o: *la cual*, o: *la que*]
*es un cambio de tonalidad.*
Para mañana pidieron 15 **edecanes**, *los cuales* [o: *los que*, o: *que*]
*ayudarán a manejar a los invitados en recepciones como esta.*
En libros como este siempre se habla de **oraciones**, *las cuales*
[o: *las que*, o *que*] *constan de un sujeto y un predicado.*
Se declararon en huelga los **obreros**, *los cuales* [o: *los que*, o: *que*]
*no han percibido su sueldo desde mayo pasado.*
Nuestro equipo planea usar **jugadas nuevas**, *que* [o: *las cuales*, o: *las que*]
*siempre divierten al público.*

En todos estos casos, la oración subordinada adjetiva explicativa *agrega información adicional* (o *genérica*), o *incidental* (o *parentética*) acerca del sustantivo o frase sustantiva, en letra negrita, que la precede. Por si usted no se ha dado cuenta, cuando se habla de esto —de información *adicional*, *incidental* o *parentética*— en esencia estamos hablando de lo mismo: información que *explica* algo, que no lo *especifica*. Lo *genérico* cabe, cómodamente, dentro de la *información adicional*.

# ¿Adjetiva especificativa o explicativa? ¿Qué va a ser?

No es tan importante la capacidad de usted para *identificar* estas oraciones subordinadas adjetivas, como su habilidad para *escribirlas* correctamente. Equivocarse en su construcción es una de las fallas más comunes —y graves— de la redacción, sea académica, formal o incluso informal. Pero para poder escribirlas correctamente, usted debe estar seguro de poder identificarlas. Aquí le presentamos una prueba rápida. Lo que usted tiene que hacer es indicar si se trata de una oración subordinada adjetiva especificativa o explicativa. No solo debe fijarse en la presencia o ausencia de la coma antes de la oración subordinada (podría haber otras comas que no tuvieren nada que ver) sino también en el *sentido* de la oración subordinada. ¿Especifica de qué objeto (cualidad, concepto o fenómeno) se está hablando? ¿O meramente nos provee de información adicional o incidental acerca de ese objeto, cualidad, concepto o fenómeno?

## Prueba relámpago: oraciones subordinadas adjetivas
### Indique si se trata de especificativas o explicativas

1. En la casa mencionada, no para nunca el ruido, que es una de las causas principales de estrés.
2. A cualquiera, incluyéndome a mí, le chocaría el ruido que emana de esa casa.
3. Las revoluciones populares siempre terminan haciendo frente a un poder militar que no se deja fácilmente.
4. La revolución popular enfrentó un poder militar, el cual no quería cruzarse de brazos.
5. ¿Acaso se fijó el señor presidente en la mosca —negra y peluda— que se posó en su brazo?
6. Al presidente no le interesan mucho las moscas, las cuales no dejan de ser insectos generalmente sucios aunque importantes dentro de buena cantidad de investigaciones científicas.
7. La investigación biogenética es una rama que debería recibir el mayor apoyo del Estado.
8. Se dará prioridad a la investigación biogenética, la cual es imprescindible para nuestro futuro alimenticio.
9. Yo daría cualquier cosa por comerme un helado de sabor capuchino, cuyo contenido calórico me obligará a correr entre 10 y 15 kilómetros mañana.
10. ¿Me invitará usted a compartir su helado sabor capuchino cuyas deliciosas calorías ya saboreo?

## Respuestas

1. Explicativa
2. Especificativa
3. Especificativa

4. Explicativa
5. Especificativa
6. Explicativa
7. Especificativa
8. Explicativa
9. Explicativa
10. Especificativa

# Las oraciones subordinadas circunstanciales

Ya hemos visto a detalle los primeros dos subgrupos de oraciones subordinadas: las sustantivas y las adjetivas. Ahora toca analizar las circunstanciales. En muchos sentidos se comportan como los complementos circunstanciales que vimos en el capítulo 7, el cual dedicamos al predicado de la oración simple. Dentro de aquellos complementos, que dan información acerca de las circunstancias en que se realiza la acción del verbo, no puede haber verbos *porque son oraciones simples*. Si tuvieran verbos conjugados, estos serían infaliblemente subordinados, y los complementos circunstanciales se convertirían en *oraciones subordinadas circunstanciales*, como las que veremos en este capítulo. Y podríamos estar seguros de que se trata de oraciones subordinadas circunstanciales, porque los verbos vendrían después de alguna de las palabras de nuestro *detector de subordinaciones*, aquella lista de 11 palabras básicas, o 19 en total, si incluimos sus variantes.

Hablamos de 12 clases de complementos circunstanciales en el capítulo 7. Algunas de ellas también figuran en la lista de las oraciones subordinadas circunstanciales, de las cuales hay 14 en total. En ambas listas se encuentran complementos y oraciones de *causa, finalidad, lugar, modo* y *tiempo*. Pero también tenemos, entre las oraciones subordinadas circunstanciales, siete más: las de *adición, comparación, consecuencia, concesión, condición, contraste, excepción, intensidad* y *restricción*.

En todos los casos donde empleemos estas oraciones subordinadas circunstanciales, lo haremos con la finalidad de expresar en qué circunstancias se realiza la acción del verbo principal, igual que los complementos en las oraciones simples, con la diferencia de que estas oraciones circunstanciales sí tendrán un verbo, un verbo subordinado.

Estas oraciones subordinadas, porque poseen verbos, despliegan una gama más rica de posibilidades expresivas que aquellos complementos circunstanciales. En algunos casos hay ciertas cuestiones de puntuación que habremos de analizar y aclarar cuando lleguemos al próximo capítulo, el cual está dedicado principalmente al uso de la coma. En los ejemplos que daremos a continuación[6] usaremos la puntuación más adecuada, aunque su explicación quede, por el momento, pendiente.

Usted ya ha visto y analizado las otras clases de subordinación. En estas proposiciones también pueden entrar. De hecho, en una sola proposición podría haber una oración subordinada de sujeto, de complemento directo, adjetiva y circunstancial. Por ejemplo:

Cuando sepamos el nombre del candidato, quienes dirigimos esta campaña diremos que proviene de los *estratos populares* que levantaron a este país, aunque no sea ni remotamente cierto.

*Oración subordinada circunstancial de tiempo*: Cuando sepamos el nombre del candidato

*Oración subordinada de sujeto*: quienes dirigimos esta campaña

*Oración subordinada complementaria*: que proviene de los *estratos populares*

*Oración subordinada adjetiva especificativa*: que levantaron a este país

*Oración subordinada circunstancial concesiva*: aunque no sea ni remotamente cierto

*Verbo principal: diremos*

*Sujeto*: tácito (nosotros, [-as])

Aquí hay cinco oraciones subordinadas y una sola principal: «Diremos». Esta situación no es extraordinaria: sucede una y otra vez en la redacción que leemos en el mundo real, tanto la buena como la mala. Lo que diferencia *la buena* de *la mala* radica en su claridad. Si el hecho de tener cinco oraciones subordinadas enturbia el sentido, más vale simplificar la construcción. Si cada oración tiene razón de ser, y es clara, ¡no hay problema! En el ejemplo anterior, la proposición apenas rebasa los dos renglones a 12 puntos en Times New Roman. Nuestro límite *guía* era de tres renglones, como vimos en el capítulo 8. Pasa, pues, esa prueba. ¿Está clara la redacción? Me parece que cada oración en sí, y el conjunto de oraciones, da a entender claramente que se trata de las palabras de un político cuyo cinismo no conoce límites. Desde luego, hay otras maneras de plantear el asunto. Algunas serán aún más claras, y otras lo serán menos. Pero que no quede duda acerca de la misión que nos hemos encomendado: escribir nuestras ideas de la manera más clara y precisa posible.

---

6 Estos son tomados, principalmente, de *Redacción sin dolor*.

# Catálogo de ejemplos de oraciones subordinadas circunstanciales

### Adición

*Además de que es inteligente*, es más simpático.

Ella gana lo que quiere, *aparte de que tiene mejores prestaciones*.

*Amén de que te quiere más que nadie*, ofrece comprarte una casa de campo.

Palabras que se usan con las subordinadas de adición: *además de, amén de, aparte de.*

### Causa (causales)

Te pido calma, *porque es preciso que des tu versión de los hechos*.

Estoy feliz *de que haya venido con esta propuesta*.

*Ya que no vas a comprar nada*, deja de estar tocando la mercancía.

Haz lo correcto, *que los virtuosos seguramente recibirán su recompensa*.

*Como ya se sabe quién va a ganar las elecciones*, mucha gente no saldrá a votar.

*Puesto que yo tengo lo que tú necesitas*, deberás hacerme una buena oferta.

Nadie le hizo caso a la señora, *por cuanto su aspecto inspiraba desconfianza*.

Palabras que se usan con las subordinaciones circunstanciales de causa: *que, pues, pues que, porque, puesto que, supuesto que, de que, ya que, como, como que, como quiera que, por razón de que, en vista de que, visto que, debido a que, por cuanto* y *a causa (de) que.*

### Comparación (comparativas)

*Tan desilusionado como estás tú*, lo estoy yo.

Me gustan más los ferrocarriles *que [me gustan] los aviones*.

*Como el rico que roba al pobre*, así tú te has apropiado de los bienes de la nación.

*Como todo se sabe tarde o temprano*, bien así se descubrirá el daño que han perpetrado esos hombres.

*Así como la clase gobernante ha sembrado la desesperanza*, así el pueblo le responderá en las urnas.

Sus palabras fueron *cuales esperábamos de un poeta de su talla*.

Esa ley se aplica lo mismo a los católicos *que [se aplica] a los protestantes*.

Ese fulano ha robado más dinero *que el cielo tiene estrellas*.

Sergio estudia más en un día *que tú* [estudias] *en seis meses*.
Virgilio gana mucho más *de lo que necesita*.
Tanto más la quiero *cuanto más me comprende*.

Palabras que se usan con las subordinaciones circunstanciales comparativas: *como, cual, así, bien así, tal, tan, así como... así, como... así también, como... así bien, así como... así también, tal... cual, tanto... cuanto, igual... que, lo mismo que, más, menos, más... que, menos... que* y *tanto más... cuanto que*.

## Consecuencia (consecutivas)
Estudió tanto *que llegó aturdido al examen*.
No has sacado buenas calificaciones, *por lo que no tendrás permiso para salir durante un mes*.
Tomé tanta Coca-Cola, *que ya no me aguanto las ganas de ir al baño*.
El pobre se esforzó tanto *que, llegada la hora, no pudo hacer nada*.
El maestro estaba tan enojado *que ya no nos aplicó el examen*.
No entendimos su respuesta, *así que nadie la tomó en serio*.

Palabras que se usan con subordinaciones circunstanciales consecutivas: *así que, así pues, tanto es así... que, tan... que, tal... que, por lo que, así... que* y *de manera que*.

## Concesión (concesivas: que indican concesión o vencimiento de alguna dificultad u objeción planteada en la oración principal)
*Por mucho que grites*, nadie te va a hacer caso.
*Aunque no sabes latín*, creo que podrás aprender francés.
*Aunque no me quisieron asegurar su asistencia*, seguiré adelante con mis planes.
Saliste triunfante *a pesar de que habían vaticinado tu derrota*.
Jamás te he pedido nada, *aun cuando me debías todo*.
No saldré en esa obra, *así me prometan las perlas de la Virgen*.
*Por convincentes que sean sus argumentos*, no me dejaré seducir.
*Por más que lo estudie*, no logro entender nada.
*Por bien que juegues*, será difícil que me venzas.

Palabras que se usan con las subordinaciones circunstanciales concesivas: *aunque, así, si bien, aun cuando, a pesar de que, bien que, mal que* y *por... que* [con adverbio en medio].

## Condición (condicionales)

*Si hubiera llegado primero*, ahora estaría [o: estuviera] disfrutando
un rico pastel.

Te prepararé tu guiso favorito *si vienes temprano*.

*Si hubiera tenido tiempo*, te habría [o: hubiera] escrito tres capítulos más.

Quién sabe cómo se pondrá mi mamá *si no gano esta carrera*.

Tú serías la reina *si yo fuera rey*.

¡Qué desastre hubiéramos [o: habríamos] armado *si no hubiéramos leído
el periódico antes*!

*Donde no hagas la tarea*, verás lo que es bueno.

Si *tuviera* [o: *tuviese*] *dinero*, compraría [o: comprara o: compraba]
un hospital para gatos.

*Como no me digas la verdad*, te acuso.

Ahora estaría [o: estuviera] disfrutando un rico pastel
*si hubiera* [o: *hubiese*] *llegado primero*.

*Si las dificultades no fueran* [o: *fuesen tantas*], sería suficiente
un solo trabajo.

Si *cantaras* [o: *cantases*] *como Victoria de los* Ángeles, otra sería [o: fuera]
mi decisión.

Palabras que se usan con las subordinaciones circunstanciales condicionales: *si*, *como* y *donde*.

## Contraste

*Mientras que yo me rompo el lomo trabajando*, todos ellos se la pasan
bien a gusto.

*Mientras que los países desarrollados dedican un porcentaje importante
de su producto interno bruto a la educación*, las naciones subdesarrolladas
destinan la mayor parte del presupuesto a pagar su deuda externa.

Francisco siempre llega a tiempo, *mientras que Regina es notoria por
su impuntualidad*.

Palabras que se usan con las subordinaciones de contraste: *mientras que*.

## Excepción

Ya no hay nada que hacer, *salvo que tú tengas alguna idea*.

En este momento no tenemos problema alguno, *aparte de que se acabó
el dinero desde la semana pasada*.

Palabras que se usan con las subordinaciones de excepción: *salvo que*, *aparte de que*.

## Finalidad (finales)

Los agentes llevaron toda clase de folletos *a que los revisaran los posibles compradores*.

*Para que me entiendas*, hablaré con absoluta claridad.

Se decidió usar computadoras en las escuelas *a fin de que los alumnos aprendan a usar y sentirse cómodos con la nueva tecnología*.

Se retiró el presidente *para que nadie pensara en la posibilidad de fraude*.

Enriqueta tuvo que haber sufrido mucho *para que su padre haya enfrentado al marido*.

Los misioneros sacrificaron todo *porque los más pobres pudieran aprender a leer y escribir, y así defenderse de un poder corrupto*.

Palabras que se usan con las subordinaciones circunstanciales finales: *a que, para que, a fin de que*.

## Intensidad

José Luis ya dio todo *cuanto ha podido*.

Se ha caído *cuan largo es*.

Palabras que se usan con las subordinaciones de intensidad: *cuanto, cuan*.

## Lugar

Visitamos el palacio *donde se firmó el tratado de paz*.

Los perros llegaron a un claro del bosque, *donde el sol se filtraba con una luz casi surrealista*.

Voy a esconder esta moneda *donde nadie podrá encontrarla*.

El funcionario entró *por donde se habían colocado los vendedores*.

Los cobardes gobiernan *en donde faltan los valientes*.

Voy *donde Xavier*. (Voy *a donde está Xavier*).

Los cartuchos que necesitas están *donde las impresoras*.

(Los cartuchos que necesitas están *donde están las impresoras*).

Me podrás encontrar *donde la alberca*. (Me podrás encontrar *donde está la alberca*).

Palabras que se emplean con las subordinaciones circunstanciales de lugar: *donde, a donde, adonde, por donde, en donde, de donde*.

## Modo (o modales)

Lo hizo cuidadosamente, *como lo marca el reglamento*.
Léanse los cuentos entre ustedes, *como yo siempre se los he leído*.
[También podría entenderse como *de comparación*].
Todavía falta decidir la manera *como arreglarán esta situación*.
Te diré el modo *como sucedieron las cosas* cuando amanezca.
Lo haré *así como lo quieren mis superiores*.
Lo haré *como lo quieren mis superiores*.
*Así como has sembrado*, así cosecharás.
*Como has sembrado*, así cosecharás.
Leo y escribo todos los días, *como tú me has sugerido*.
El prisionero lanzó un grito *como para que resucitaran los muertos*.
*Como para reconciliarse con lo que parecía un hecho*, mi hermana aventó
el retrato del hombre que podría haber sido su esposo.
Me habla tan cariñosamente *como si su voz misma fuera un arroyo
en primavera*.
Profería blasfemias *como si hubiera sido víctima de una posesión diabólica*.
Con este sol parece *como que el infierno llegó a instalarse en la tierra*.
El cínico hacía unas caras rarísimas, *como que no sabía de qué lo acusaban*.
Lo construyeron *según les enseñaron*.
Dejaron los objetos *según estaban* cuando murió el niño.
*Según te acercas al final*, se vuelve más emocionante la trama.
*Conforme lleguen los resultados*, iremos anunciándolos por la televisión.

Palabras que se usan con las subordinaciones circunstanciales de modo:
*como, según, según que, conforme, conforme a, como para, como que* + *indicativo*
y *como si* + *subjuntivo*.

## Restricción

*Que yo sepa*, nunca llegó el mariachi.
Ninguno de ellos pudo resolver el problema, *que yo sepa*.

Palabras que se usan con las subordinaciones circunstanciales de restricción: *que* + *pronombre* + *saber* conjugado en modo subjuntivo. Lo más común
es «que yo sepa».

## Tiempo (temporales)

*Cuando me ves así*, no sé de qué soy capaz.
*Mientras coses este botón*, iré a buscar la leche.

Cayó una granizada salvaje *cuando salíamos de la ciudad.*
Tardó *cuanto quiso.*
*Cuando murió el* último *soldado,* las fuerzas invasoras tomaron la colina.
*Cuando te encuentre,* te entregaré todo aquello que es tuyo.
*Apenas llegues a casa,* háblame por teléfono.
*En cuanto se enteren tus tíos,* tendrás que marcharte.
Nos vamos de aquí *tan pronto podamos juntar el dinero suficiente.*
¡Hazlo *antes que sea demasiado tarde!*
*Después que derrotó al candidato oficial,* el vencedor ofreció buscar
la reconciliación.
*Cuando me traigas lo mío,* consideraré devolverte lo tuyo.
¡Hijo, bájame la ropa de la azotea *antes que empiece a llover!*
No bien había muerto el marido, *cuando se dedicó a buscar el sustituto.*
*Así que escuchaba la palabra «piojo»,* Amparo empezaba a rascarse.
Aún no habían anunciado el nombre del ganador, *cuando nuestro amigo
subió al escenario.*

Palabras que se emplean con las subordinaciones circunstanciales de tiempo: *cuando, cuanto, como, que, mientras, apenas, apenas... cuando, ya que, luego que, así como, así que, tan pronto como, primero que, antes (de) que, y después (de) que.*

# Capítulo 10

Usos de
la coma I:
las comas
obligatorias

Es natural que utilicemos oraciones compuestas cuando hablamos, y con frecuencia nuestras oraciones compuestas son muy complicadas. Las armamos así y no hace falta que sepamos qué es una oración compuesta. Los niños de tres años ya las usan sin problema, y ellos ni siquiera saben qué es un verbo: *el habla es una facultad natural en el ser humano, y las oraciones compuestas son parte natural de esta facultad.*

La conversación es fácil de comprender gracias a todas las herramientas no verbales que poseen el hablante y el que escucha, cuyos papeles se invierten cada vez que uno de ellos calla y el otro toma la palabra. La única complicación real sobreviene cuando ambos —o más— hablan simultáneamente, como en algunos programas de televisión y mesas redondas que tratan temas de política, religión o futbol.

No buscamos que, en la escritura, las oraciones compuestas sean igualmente complicadas sino lo contrario: que las relaciones entre las oraciones sean de una claridad absoluta. En parte esto tiene que ver con la sintaxis —la organización de las palabras para que reflejen nuestras ideas del mejor modo posible—, y toca, en parte, a la puntuación. Si bien es cierto que no utilizamos puntuación cuando hablamos, porque no hace ninguna falta, los signos de puntuación son absolutamente necesarios cuando escribimos. Es más: resulta indispensable usar la puntuación *correcta*.

Cada signo es una señal en el camino del lector. Sin los signos de puntuación, leer un artículo o un libro sería como conducir un auto en una ciudad desconocida sin letreros que nos indiquen dónde queda el norte o el sur, cuáles son los nombres de las calles; dónde queda el centro, la zona hotelera o industrial, el parque, el zoológico, etcétera. Podríamos ver claramente cada conjunto habitacional, cada edificio, cada casa, cada árbol, pero no sabríamos dónde estamos ni cómo se relacionan estas cosas entre sí dentro del contexto mayor de una ciudad.

Y usar *mal* los signos de puntuación sería el equivalente de poner un letrero que dijera, tentativamente, «Centro Histórico, derecho», sin indicar después en qué momento habría que doblar a la izquierda. Así, uno va a perderse. O peor: «Salida a 100 metros»..., sin que haya ninguna salida. O mi favorito: el letrero que pone una flecha de salida justo *en* la salida o aun *después*: muy tarde para que surta el efecto buscado.

Los puntos, las comas, los punto y comas y dos puntos —y los demás signos de puntuación que veremos en el capítulo 13— deben no solo orientar al lector sino también *prepararlo* para lo que viene. El signo más importante es el que se ve inmediatamente antes de esta proposición, de *cualquier* proposición que no sea la inicial: el punto. En el capítulo 8 se discutió ampliamente el problema de no saber cuándo ponerlo: el dilema del *encabalgamiento*. En el habla no existe este problema. Con el tono de voz indicamos en qué momento hemos dejado de coordinar o subordinar. Pero el habla es tan versátil y flexible que podemos dar a entender que hemos terminado una proposición, y luego reanudar el hilo de nuestro pensamiento, coordinando o subordinando otra oración sin problema. Nadie va a confundirse.

En la escritura, no obstante, el encabalgamiento es peligrosísimo. Sin pistas externas —como tono de voz, ademanes, gestos, contacto visual, el contexto social del escritor, etcétera—, no indicar claramente dónde termina un periodo gramatical y dónde empieza el siguiente nos pone en una tierra de nadie. En esta zona brumosa, un sustantivo podría parecer el sujeto de un verbo cuyo sujeto, en realidad, es otro sustantivo o frase sustantiva.

> Tú no conoces ese mercado fue inaugurado la semana pasada.
> Tú no conoces, ese mercado fue inaugurado la semana pasada.
> Tú no conoces ese mercado, fue inaugurado la semana pasada.

El lector va *conduciéndose* por el escrito despreocupadamente hasta que se pierde en el encabalgamiento, como un automovilista se extravía cuando ya no sabe en qué avenida o calle se encuentra ni en qué dirección avanza. El encabalgamiento provoca una sensación de mareo y desorientación en el lector.

El redactor novel casi nunca detecta sus propios encabalgamientos porque no relee lo que escribe o porque, en el mejor de los casos, lo relee inmediatamente después de redactarlo. Cuando esto último sucede, en realidad no está leyendo en el sentido tradicional: no parte de los signos (letras, palabras y puntuación) para reconstruir el sentido. Como aún tiene frescas sus ideas en la cabeza, lo escrito sirve apenas como un *acordeón* para recordar lo que quería decir. Por eso no ve errores de ningún tipo, salvo una que otra errata, pero no todas, ni siquiera la mayoría. Por eso no hay nada más gratificante que poner a un alumno a leer un escrito suyo unos días después que lo ha entregado: se tropieza una y otra vez, no entiende lo que quiso decir, se pone a pensar, se ríe nerviosamente ante sus pares, rectifica... Esto es gratificante porque, como maestro, no necesito más pruebas que eso para demostrar la importancia de escribir con una sintaxis adecuada, *clara*, y con la puntuación correcta. También subraya, por supuesto, la importancia de permitir que un escrito *se enfríe* antes de revisar y entregarlo. Las comunicaciones instantáneas dificultan el aprovechamiento de esta etapa de reflexión, mas debemos hacer el esfuerzo de no caer en la tentación de creernos perfectos y entregar —o enviar— textos sin haberlos revisado bien. Todos cometemos errores y *siempre* podremos mejorar lo que escribimos.

Enseguida veremos cómo usar la coma, cuándo es obligatoria y en qué situaciones su uso es discrecional. Además, veremos en qué consiste esta *discrecionalidad*. Pero antes debemos ver una situación en la que *no* debemos usar una coma.

## ¡No hay que poner una coma entre el sujeto y el núcleo del predicado!

Este no es un *uso* de la coma sino un *no uso*. Se menciona primero porque, después del encabalgamiento, es el error de puntuación más común. La regla es muy clara y sencilla: *No hay que poner una coma entre el sujeto y el núcleo del predicado*. El error no suele cometerse cuando el sujeto es de una, dos o tres palabras, sino cuando se alarga un poco más. Como los *redactores orales* piensan que la coma es el equivalente de una pausa, y como suelen hacer pausa después de enunciar un sujeto de varias palabras, tienen la costumbre de meter allí una coma, lo que resulta inadmisible, como en estos ejemplos:

Las diversas reglas del manual, establecen claramente que esta coma
no debe usarse. O:

Las diversas reglas del manual, claramente establecen
que esta coma no debe usarse.[1]
Los legisladores detrás de la iniciativa de ley, deben pensar
en cómo facilitar su aprobación.
Cualquier animal propenso a contraer rabia, recibirá
una vacuna gratuita anualmente.

En todos esos casos, hay que eliminar la coma:

Las diversas reglas del manual establecen con claridad
que esta coma no debe usarse.
Las diversas reglas de este manual claramente establecen
que esta coma no debe usarse.
Los legisladores detrás de la iniciativa de ley deben pensar
en cómo facilitar su aprobación.
Cualquier animal propenso a contraer rabia recibirá
una vacuna gratuita anualmente.

Es importante no perder la brújula. Esta regla de *no uso* se aplica aun cuando realizamos una inversión sintáctica, como vimos en el capítulo 7. En otras palabras, ni siquiera importa que el predicado esté dividido en dos partes: entre el sujeto y esa parte del predicado donde está el verbo, no debemos poner una coma.

Con claridad, las diversas reglas del manual
establecen que esta coma no debe usarse.

Pero ¡mucho cuidado! La regla de este *no uso* habla de *una* coma, porque sí puede haber dos. Esto tiene que ver con el segundo uso obligatorio de la coma, la *parentética*, la cual veremos pronto. Por ahora basta señalar que, si entre el sujeto y el núcleo del predicado hay una palabra, frase u oración parentética, esta tendrá que separarse del resto de la oración con *dos* comas, como en los siguientes ejemplos:

Emilio Suárez, *el fundador de esta empresa*, siempre pensó
en el bienestar de los obreros.

---

1 No importa cuántas palabras intervengan entre el sujeto y el verbo, como en este caso: no hay que poner coma de todas maneras.

Cualquier animal propenso a contraer rabia, *no importa su edad,* recibirá una vacuna.

Yo, *y nadie más,* tomaré esa decisión en el momento oportuno.

## Las comas obligatorias[2]

Hay seis casos en que podemos emplear una o dos comas. En cuatro de estos casos son obligatorias *siempre*, y en dos son discrecionales. Dentro de estos casos donde opera la discrecionalidad, podrá haber circunstancias específicas y claramente definibles que vuelvan la coma obligatoria. Y en ocasiones tendremos que usar nuestro discernimiento para determinar si la coma, aunque no fuera obligatoria, podría ayudar en la lectura. Empecemos con los cuatro usos donde la coma será siempre obligatoria:

### Usos obligatorios de la coma

La coma serial (para separar elementos, frases u oraciones en serie)
La coma parentética (para separar información adicional
o incidental del resto de la oración o proposición)
La coma del vocativo (para separar el elemento vocativo
del resto de la oración)
La coma de la elipsis (para indicar dónde se ha suprimido un verbo)

## 1: La coma serial

La coma se emplea para separar elementos en serie. Estos *elementos* pueden ser palabras sueltas, frases u oraciones seriadas (como vimos en la sección «Yuxtaposición» del capítulo 8), siempre de la misma naturaleza: sustantivos con otros sustantivos (o frases sustantivas), verbos con verbos, adjetivos con adjetivos, adverbios con adverbios, etcétera. Sin estas comas no podríamos entender la composición correcta de la serie, ya que es posible juntar —en una sola serie— palabras sueltas y frases. Primero veamos unos ejemplos que incluyen únicamente palabras sueltas:

---

2 En esta *Guía esencial...* se organizan los usos de la coma de manera diferente que en *Redacción sin dolor,* hasta su 4ª edición inclusive. A partir de la 5ª edición, se emplea esta misma manera de organizar y comprender los usos de la coma.

Necesito comprar *carne, verduras, leche, pan, postre.*
El departamento jurídico investigará a *Martínez, Jiménez, Ocharán, Zamudio.*
En este mundo hace falta tener *valor, coraje, fuerza, visión.*
El candidato es *inteligente, guapo, simpático, rico, corrupto.*
El magistrado decidirá el caso *serena, justa, equitativamente.*

Ahora, combinando palabras sueltas con frases de la misma naturaleza:

Los investigadores encontraron varias especies de *moscas
escorpión, chinches, hormigas león, pulgas, cucarachas.*
La banca da servicios de *préstamo, inversión a plazo fijo, ahorro,
seguros de toda índole.*

Después de cada elemento seriado se coloca una coma, hasta antes del último elemento de la serie.

En el capítulo 11 veremos el papel de la coma cuando hay inversiones sintácticas, pero la coma serial también puede usarse cuando enumeramos dos o más complementos antes del verbo. En otras palabras, si empleamos una inversión sintáctica que incluye *varios* complementos circunstanciales, estos deben ir separados por comas. Los complementos circunstanciales seriados, en inversión sintáctica, aparecen subrayados:

a. <u>Ayer</u>, <u>a las tres de la tarde</u> llegaron varios señores vestidos de negro.
b. <u>Ayer</u>, <u>a las tres de la tarde</u>, llegaron varios señores vestidos de negro.

a. <u>Con dificultad</u>, <u>temblando</u>, <u>a media voz</u> el testigo relató su experiencia.
b. <u>Con dificultad</u>, <u>temblando</u>, <u>a media voz</u>, el testigo relató su experiencia.

Entre cada complemento circunstancial invertido, debe ir una coma. Es discrecional la coma entre el último complemento y la oración principal, como en los casos *b*. Podemos usarla o dejar de usarla, a nuestro gusto.

En este momento, infaliblemente, surge la pregunta siguiente: ¿Y no podemos usar una *y* antes de *postre, Zamudio, visión, corrupto, cucarachas* y *seguros de toda índole*? ¿O entre *temblando* y *a media voz*? Por supuesto que sí, lo que nos conduce a una regla sumamente importante dentro del tema de la coma serial... Primero, pongamos esas *y*:

Necesito comprar *carne, verduras, leche, pan* y *postre.*
El departamento jurídico investigará a *Martínez, Jiménez, Ocharán* y *Zamudio.*

En este mundo hace falta tener *valor, coraje, fuerza* y *visión*.
El candidato es *inteligente, guapo, simpático, rico* y *corrupto*.
Los investigadores encontraron varias especies de *moscas escorpión,
chinches, hormigas león, pulgas* y *cucarachas*.
La banca da servicios de *préstamo, inversión a plazos, ahorro*
y *seguros de toda índole*.

En realidad, lo que estamos haciendo al poner una *y* entre el último y el penúltimo elementos, es emplear una *conjunción* entre ellos. La *y* es solo una de varias conjunciones posibles. También podría ser *o* o *ni*. También *pero* es una posibilidad, pero lo veremos aparte, un poco más adelante.

La regla del uso de conjunciones dentro de series es sencilla: *se usa una coma o se usa la conjunción, nunca las dos al mismo tiempo*. Es decir, si se trata de una serie, no debemos usar la coma *y* la conjunción. Nuestros ejemplos anteriores ilustran esto perfectamente. Ahora veamos estos con las conjunciones *ni* y *o*:

No necesito comprar ni *carne* ni *verduras* ni *leche* ni *pan* ni *postre*.
El departamento jurídico investigará a *Martínez* o *Jiménez*
u *Ocharán* o *Zamudio*.
En este mundo hace falta tener *valor* y *coraje, fuerza* y *visión*.
El candidato ni es *inteligente* ni *guapo* ni *simpático* ni *rico* ni *corrupto*.

Como se desprende de estos ejemplos, o va la conjunción o va la coma. No pueden coexistir ambas. En el tercer caso, hicimos dos grupos: «valor y coraje», «fuerza y visión». Esto puede hacerse también con las otras series:

Necesito comprar *carne* y *verduras, leche* y *pan, nueces* y *postre*.
El departamento jurídico investigará a *Martínez* y *Jiménez,
Ocharán* y *Zamudio*.
En este mundo hace falta tener *valor* o *coraje, fuerza* o *visión*.

La *o* encierra una peculiaridad. Por un lado, puede presentar una disyuntiva simple, no absoluta. Podemos decir que este libro es *para estudiantes o profesionales*. Con esto damos a entender que puede servir para los del primer grupo o para los del segundo, o para ambos. Así, la *o* tiene su *dosis* de *y*: «Esta ambulancia servirá para el equipo de primeros auxilios o para el grupo de rescate». «Estos tornillos funcionarán para sujetar metales o maderas».

## ¡Ya no más y/o en la buena redacción!

Con esta explicación queda claro que es innecesario, amén de feo, usar la fórmula burocrática «y/o». Si uno lo repite lo suficiente, parece burro: «¡y/o! ¡y/o! ¡y/o!». Los que alegan que sí es necesario emplear esta fórmula tan desafortunada, señalan casos como las firmas de cheques que pertenecen a cuentas mancomunadas. Suele decirse que «debe firmar Onésimo Sánchez y/o Eugenia Jáuregui». Aquí bastaría escribir:

> Debe firmar Onésimo Sánchez o Eugenia Jáuregui.

Si el redactor quería decir que debían firmar ambos, habría bastado usar la *y*, pero con el verbo conjugado para concertar en el plural:

> Deben firmar Onésimo Sánchez y Eugenia Jáuregui.

Si la idea era que podía firmar uno, la otra o ambos, lo mejor habría sido decirlo en tantas palabras:

> Puede firmar Onésimo Sánchez, Eugenia Jáuregui *o ambos*.

No se habrían gastado grandes cantidades de tinta y es *mucho* más elegante.

La disyuntiva pura requiere dos *o*. Al emplear dos *o*, indicamos que debemos escoger entre uno de los dos elementos, que no podemos quedarnos con las dos posibilidades, aunque quisiéramos:

> Puedes comer *o* carne *o* queso.
> *O* te casas con Elena *o* te casas con Carmen.

## Cuando se juntan la coma y una conjunción

La regla que todo el mundo aprende en la escuela es que no se puede escribir una coma antes de una *y*. Esto es cierto, siempre y cuando se trate de la coma serial, de la *y* serial, del *ni* serial o de la *o* serial, tal como hemos visto en nuestros ejemplos. Pero sí es posible poner una coma antes de una *y*, antes de la palabra *ni* y de la palabra *o*; incluso no es solo posible sino también común poner una coma antes de *pero* (como veremos más adelante). En estos casos, sin embargo, ya no estamos hablando de series sino de la *ruptura* de una serie. En el momento en que ponemos una coma antes de cualquiera de estas conjunciones, interrumpimos la serie anterior o —si no la ha habido aún— indicamos que *no se formará una serie* a partir de la *y* sino que introduciremos una nueva idea. Los ejemplos siguientes aclararán el concepto. Donde hay comas sin *y* (o alguna de las otras conjunciones), continúa la serie. Donde aparece la combinación de una coma con conjunción, se inicia una nueva idea. La nueva idea aparece en letra cursiva:

> Necesitamos comprar verduras, carne roja y pollo, *y estas salidas constantes al supermercado están mermando nuestra cuenta bancaria.*
> La agencia federal a cargo del asunto no estableció lineamientos claros, *ni tendremos nosotros manera de formularlos desde fuera.*
> Estas elecciones no convencieron a nadie, *y la Suprema Corte no da señales de emitir una opinión al respecto.*

Así vemos que sí es posible poner una conjunción —sobre todo la *y*, que es la más común— después de una coma. Esto señala al lector que lo que sigue de esa coma *no formará parte de una serie*: si antes de la coma hubo una serie, esta no continuará; si no hubo serie anterior, la *y* (u otra conjunción) introducirá una nueva idea.

## *Pero...*

La conjunción adversativa *pero* es un poco diferente. Aunque es cierto que podemos aplicarle la misma regla de arriba, y a pesar de lo que se afirma en la ortografía de la lengua española, no siempre es necesario poner una coma antes para indicar que vendrá una idea nueva. Esto sucede por la naturaleza misma de esta conjunción que, por ser adversativa, tiende a separar más que unir.

> Me encanta el silencio *pero* escucho música todos los días.
> La ciencia ha avanzado a grandes zancadas *pero* seguimos siendo esclavos de nuestros genes y hormonas.

Además, *pero* se emplea frecuentemente entre dos oraciones, con una estructura A pero B, como vimos en los ejemplos anteriores. Estos pueden entenderse como simples series: primero una oración positiva y, luego, la adversativa después de *pero*. Aquí se aplica la regla de la conjunción serial: o se emplea la conjunción o se emplea la coma (nunca las dos).

Sin embargo, muchas veces el *pero* no parece suficiente. En ocasiones la coma antes de *pero* resulta útil, no tanto para no establecer o para romper una serie sino para ayudarnos a organizar nuestros pensamientos antes de seguir. Esto ocurre sobre todo cuando la construcción posterior al *pero* es compleja o relativamente larga. En ocasiones lo que dispara la necesidad de poner coma es la oración anterior, también por su extensión o complejidad. Si ambas son complejas, lo más seguro es que la coma ayudará en la comprensión de la lectura. Si lo que antecede o sigue del *pero* es más o menos sencillo, en general la coma no hace falta. Veamos un ejemplo de cómo usar una coma antes de *pero*; pertenece a una proposición que vimos al principio de este capítulo:

> Podríamos ver claramente cada conjunto habitacional, cada edificio, cada casa, cada árbol, *pero* no sabríamos dónde estamos ni cómo se relacionan estas cosas entre sí dentro del contexto mayor de una ciudad.

Ahora veamos este otro ejemplo de *pero* sin coma, el cual viene del capítulo 4:

> Eso está bien para una novela negra pero no para una reseña.

Poner una coma antes de *pero* dependerá del gusto de cada quien. En general no pasa nada grave si la ponemos o si dejamos de ponerla, a diferencia de lo que ocurre con *y*, *ni* y *o*. ¡Allí sí es importantísima, por determinante, la presencia o ausencia de coma!

La lógica del *pero* también se aplica a la palabra *sino* y la frase adversativa *sino que*, las cuales son el reverso de la misma moneda: las usamos cuando se afirma algo después de una negación: «No pidió tacos *sino* hamburguesas». «Nadie desea otra masacre como la de Tiananmén *sino que* todas las partes involucradas pacten una salida pacífica».[3]

Y antes de terminar esta breve desviación, es pertinente aclarar que sí es correcto iniciar una proposición con *y*, con *o* y con *pero*. Existe una larguísima tradición en este sentido, que nos viene desde la Biblia, por lo menos. Este párrafo mismo se inicia con la conjunción *y*, y no creo que usted haya protestado...

---

3 La conjunción *sino* se emplea dentro de una oración simple; *sino que* se emplea para coordinar dos oraciones simples; es decir, se emplea entre dos verbos. En este caso son *desea* y *pacten*. En otras palabras, la frase *sino que* siempre se emplea entre oraciones coordinadas.

¿Puede ponerse una coma *después* de la *y*? ¡Por supuesto! Si así lo hiciéramos, estaríamos introduciendo una frase u oración parentética,[4] como veremos en la próxima sección de este capítulo. El ejemplo siguiente proviene del capítulo 8:

> [...] el mensaje de los dos puntos es menos discreto y,
> *por ende*, más poderoso.

# 2: La coma parentética

El segundo uso obligatorio de la coma tiene que ver con la introducción de información adicional (no esencial) o parentética (también llamada *incidental*).[5] No importa que esta información sea una palabra sola, una frase o toda una oración, sea simple o subordinada. Al señalar con esta coma —o con *dos* comas si la información viene en medio de la oración— que una palabra, frase u oración es parentética, comunicamos algo importante: se indica que podríamos suprimir esta información sin desnaturalizar o desvirtuar el significado de la proposición. Lo único que estaríamos haciendo sería eliminar datos que podrían ser útiles o ilustrativos, mas no indispensables para la recta comprensión de la idea. Ejemplos:

> El año que viene, *tal vez a partir de febrero*, habrá que ejercer
> el presupuesto con cuidado.
> Los perros de pelo largo, *como los malteses*, son difíciles de peinar.
> Los obreros, *quienes se declararon en huelga*, no recibieron su aguinaldo.
> Benito Juárez, *el Benemérito de las Américas*, promulgó las Leyes de Reforma.

### Estos mismos ejemplos sin sus incisos
### (frases u oraciones incidentales):
> El año que viene habrá que ejercer el presupuesto con cuidado.
> Los perros de pelo largo son difíciles de peinar.
> Los obreros no recibieron su aguinaldo.
> Benito Juárez promulgó las Leyes de Reforma.

---

4 Véase el VI mandamiento de la buena redacción, en el «Apéndice 3».
5 A lo largo de este libro, nos referiremos a *lo parentético* y *lo incidental* como sinónimos. También se hablará de *paréntesis* e *incisos*. La *información adicional*, como *no esencial*, puede caber en cualquiera de estas dos categorías.

En todos estos casos, la información incidental venía en medio de una oración simple. Por eso hicieron falta una coma antes y otra después, como se había aclarado arriba. Pero lo parentético no siempre viene en medio de una oración. Puede entrar al final o al principio de una proposición. Lo incidental aparece en letra cursiva:

La danza moderna entiende al cuerpo humano de otra manera, *sobre todo en las coreografías de George Balanchine*. *Nacido en San Petersburgo el 22 de enero de 1904*, el coreógrafo George Balanchine no simplemente ilustraba la música sino que la expresaba mediante la danza gracias a su dominio absoluto de las formas tradicionales.

En estos casos está muy claro a qué oración pertenece lo parentético, pero hay que tener especial cuidado con frases adversativas o ilativas que no vienen en medio de una oración —sea independiente o subordinada— sino *entre* dos oraciones coordinadas. El problema se suscita porque, al estar entre dos oraciones independientes, el inciso podría pertenecer a la primera o a la segunda cuando, en realidad, solo puede pertenecer a una de las dos. En estos casos, lo más aconsejable es usar punto y coma para establecer a cuál de las dos oraciones pertenece lo parentético. Además, si usáramos solo comas, caeríamos en el encabalgamiento.

## Error:

Las disciplinas científicas no son del gusto de todos, sin embargo, cualquiera puede aprender un poco acerca del funcionamiento de nuestro mundo.
Todos los empleados recibirán una nueva credencial, por lo tanto, se pide la devolución de las antiguas.
Por cada cirugía se requieren unos 10 litros de sangre, por lo menos, deben donar en primer lugar los parientes.
A todos los niños les encantan los dulces, naturalmente, los comen a cada oportunidad.

## Corrección:

Las disciplinas científicas no son del gusto de todos; sin embargo, cualquiera puede aprender un poco acerca del funcionamiento de nuestro mundo.

Todos los empleados recibirán una nueva credencial; por lo tanto,
se pide la devolución de las antiguas.
Por cada cirugía se requieren unos 10 litros de sangre, por lo menos;
deben donar en primer lugar los parientes.
A todos los niños les encantan los dulces, naturalmente;
los comen a cada oportunidad.

Aquí se muestra *una* posibilidad. Ojalá que haya sido la intención del redactor, pero había *otra*:

Las disciplinas científicas no son del gusto de todos, sin embargo;
cualquiera puede aprender un poco acerca del funcionamiento
de nuestro mundo.
Todos los empleados recibirán una nueva credencial, por lo tanto;
se pide la devolución de las antiguas.
Por cada cirugía se requieren unos 10 litros de sangre; por lo
menos, deben donar en primer lugar los parientes.
A todos los niños les encantan los dulces; naturalmente,
los comen a cada oportunidad.

Desde luego, si uno quiere, puede poner punto y seguido en lugar de punto y coma.

Poner una coma de más o no ponerla puede conducir a un malentendido, en el mejor de los casos, o a una situación judicialmente peliaguda, en el peor, sobre todo cuando se trata de oraciones subordinadas adjetivas. Si la subordinada adjetiva debe poseer una función especificativa y le anteponemos erróneamente una coma, parecerá explicativa (no esencial). Y al revés: si la subordinada adjetiva debe funcionar explicativamente pero olvidamos la coma, parecerá especificativa:

1. El oficial destruyó la pluma que le había entregado el agente extranjero.
2. El oficial destruyó la pluma, que le había entregado el agente extranjero.
3. Facturaron una computadora con pantalla plana de plasma que tenía características compatibles con los equipos de la empresa.
4. Facturaron una computadora con pantalla plana de plasma, que tenía características compatibles con los equipos de la empresa.
5. Nunca hallaron el anillo cuyo oro fue fundido de una pieza prehispánica.
6. Nunca hallaron el anillo, cuyo oro fue fundido de una pieza prehispánica.

En la proposición 1, el redactor especifica de qué pluma se está hablando: de la que había sido entregada por un agente extranjero. En la proposición 2, parece información meramente incidental, no central para el caso. En la proposición 3, la ausencia de la coma puede provocar una demanda en la Procuraduría Federal del Consumidor: el cliente, al parecer, pidió una pantalla plana de plasma con ciertas características compatibles con otras máquinas que habían sido adquiridas con anterioridad. En la redacción de la proposición 4, sin embargo, al poner una coma después de la palabra *plasma*, la que debía ser compatible con el equipo ya adquirido era la *computadora* (con pantalla plana de plasma), no la pantalla en sí. ¡Menudo problema! En la proposición 5, nunca hallaron un anillo cuyo oro tenía un origen específico muy importante. En la proposición 6, sin embargo, esa información se reduce a un mero paréntesis.

Hay otro detalle que vale la pena aclarar antes de concluir esta sección. Tiene que ver, otra vez, con los complementos circunstanciales. Estos, según la sintaxis lógica, se escriben después del verbo; por lo general se incluyen al final de la oración. Cuando se sigue esta sintaxis natural, no hace falta anteponerles ninguna coma. No solo eso: *no debemos anteponerles ninguna coma*. Si lo hiciéramos, el complemento circunstancial se volvería parentético y la información no se consideraría esencial sino meramente incidental. Con unos cuantos ejemplos, esto se aclarará:

a. Esto se aclarará con unos cuantos ejemplos.
b. Esto se aclarará, con unos cuantos ejemplos.

a. No hace falta anteponerles ninguna coma cuando se sigue esta sintaxis natural.
b. No hace falta anteponerles ninguna coma, cuando se sigue esta sintaxis natural.

a. Se incluyen al final de la oración.
b. Se incluyen, al final de la oración.

En los casos «a» se sigue la regla de *no* poner coma antes del complemento circunstancial cuando este se halla en su lugar natural. Incluso podría haber más de uno y aún así no haría falta ninguna coma, siempre y cuando estén después del verbo:

c. Esto se aclarará con unos cuantos ejemplos colocados cuidadosamente al final del párrafo.

Aquí hay tres complementos circunstanciales en su lugar natural: *con unos cuantos ejemplos*, *colocados cuidadosamente* y *al final del párrafo*. En los casos *b* antepusimos una coma a los complementos, y así los hemos vuelto parentéticos, incidentales. El lector entenderá que no se trata de información esencial sino suprimible, pero en todos los casos usar la coma constituiría un grave error porque sin sus complementos circunstanciales las oraciones no tienen mucho sentido, o por lo menos no tienen el sentido que *deberían* tener: la información no es meramente adicional sino que *da sentido* a la oración.

Veamos el caso *c*: en el momento de colocar una coma antes de cualquiera de los complementos circunstanciales, el resto de la oración sería parentético. Hay que tener mucho cuidado en este sentido:

Esto se aclarará, con unos cuantos ejemplos colocados cuidadosamente al final del párrafo.

Esto se aclarará con unos cuantos ejemplos, colocados cuidadosamente al final del párrafo.

Esto se aclarará con unos cuantos ejemplos colocados cuidadosamente, al final del párrafo.

# 3: La coma del vocativo

Esta es una de las comas más desatendidas y peor comprendidas, pero en realidad no es difícil de dominar. Solo se emplea cuando uno se dirige a alguien o *algo*; puede ser un grupo, una institución o incluso un concepto abstracto. En otras palabras, únicamente se emplea cuando usamos *la segunda persona* del verbo, que puede ser el *tú*, el *usted*, el *vos*, el *vosotros* o el *ustedes*. Por lo general se utiliza un nombre propio, pero también puede ser un apodo o el título de la persona a la cual nos dirigimos en nuestro escrito. Incluso puede ser cualquier otra palabra que sirva como nombre propio, aunque no lo sea. Incluiremos algunos casos así en nuestros ejemplos.

Respecto de la coma, aplicaremos aquí la misma lógica de la coma parentética: si el vocativo viene en medio de la oración, irá una coma antes y otra después; si viene al principio, irá una coma después; si viene al final de la oración, la coma irá antes.

No pocos redactores, tras aprender esta regla, quieren poner una coma antes o después de cualquier nombre propio, apodo o título. ¡Cuidado! Si yo escribo «Arribó Napoleón a la batalla», *no* se trata de un vocativo, y no debo escribir «Arribó, Napoleón, a la batalla». Si lo hiciera, *le estaría hablando a*

*Napoleón*, cuando solo estoy hablando *acerca de* Napoleón, y lo estoy haciendo en tercera persona.

Si no empleamos la coma del vocativo correctamente, podemos desorientar al lector. Si escribimos, por ejemplo, «Melisa escucha el cuarteto», nuestros lectores entenderán que la señora del caso, Melisa, está escuchando un cuarteto. Pero si escribimos «Melisa, escucha el cuarteto», comprenderemos que alguien le está ordenando a Melisa que escuche el cuarteto, y esto es muy diferente del caso anterior. En los ejemplos siguientes, el vocativo aparecerá en letra cursiva:

¡*Mexicanos*, al grito de guerra!
¡Al grito de guerra, *mexicanos*!
*Licenciado*, ¿dónde firmo?
¿Dónde firmo, *licenciado*?

Es de especial importancia, *querido*, que seas fiel en este matrimonio.[6]
*Querido*, es de especial importancia que seas fiel en este matrimonio.
Es de especial importancia que seas fiel en este matrimonio, *querido*.

*Pedro Pablo*, no encuentro los documentos del juicio.
No encuentro los documentos del juicio, *Pedro Pablo*.
No encuentro, *Pedro Pablo*, los documentos del juicio.

¿Me estás oyendo, *inútil*?[7]
*Inútil*, ¿me estás oyendo?

Necesito saber, *doctor*, si voy a vivir para asistir a la boda de mi hijo.
*Doctor*, necesito saber si voy a vivir para asistir a la boda de mi hijo.
Necesito saber si voy a vivir para asistir a la boda de mi hijo, *doctor*.

# 4: La coma de la elipsis, o del *verbo callado*

En ocasiones escribimos oraciones seriadas que comparten el mismo verbo:

Las niñas *jugarán* bádminton, los niños *jugarán* futbol, los padres
de familia *jugarán* beisbol.

---

6 Este es un caso donde el vocativo no es nombre propio ni título.
7 *Idem.*

Como dicta la regla 1, separamos las oraciones seriadas con comas. Se notará enseguida que no es necesario repetir el verbo. Podríamos emplearlo la primera vez únicamente. Se sobrentenderá que también *jugarán* a algo los niños y los padres de familia. Pero cuando escribimos, debemos dar a entender, mediante una coma, que hemos suprimido —*elidido* o *callado*— el verbo. Donde originalmente había comas, hay que poner punto y coma:

Las niñas *jugarán* bádminton; los niños, futbol; los padres de familia, beisbol.

## Otros ejemplos:

En Chicago, el cuarteto de cuerdas *interpretará* el opus 74 de Beethoven; el trío de piano, el opus 70 número 1; la orquesta completa, el opus 55 en mi bemol.[8]

El jefe de Gobierno *nombrará* una comisión; la comisión, un encargado; el encargado, un representante; el representante, un empleado.

El café se cultiva en regiones tropicales de altura; el trigo, en planicies de clima templado; la mariguana, donde lo exige el enorme mercado de Estados Unidos.

También podemos emplear la *y* serial, según vimos en la primera sección de este capítulo. Se aplica la regla de la misma manera, solo que debemos conservar una coma antes de la *y* para darle el valor de punto y coma. Hemos visto que al anteponer una coma a la *y*, introducimos una nueva idea. Esto sucede porque la combinación [, y] es el equivalente gramatical de punto y coma [, y = ;]. De hecho, en cualquiera de los ejemplos que vimos, podríamos haber sustituido la secuencia [, y] por [;]. Veamos:

Necesitamos comprar verduras, carne roja y pollo; *estas salidas constantes al supermercado están mermando nuestra cuenta bancaria.*

---

8 El cuarteto opus 72 de Beethoven (en mi bemol) también se conoce como el «Arpa»; el opus 70 número 1, como el «Fantasma»; el 55 (también en mi bemol, una de las tonalidades predilectas de Beethoven, junto con su tono relativo, do menor), como la «Sinfonía heroica». [Esta proposición también ejemplifica la coma de la elipsis, o *verbo callado*].

Estas elecciones no convencieron a nadie; *la Suprema Corte no da señales de emitir una opinión al respecto.*

Entonces, de igual modo, en las proposiciones donde *elidimos* el verbo, podemos usar la coma para representar el verbo callado, y la secuencia [, y] entre las oraciones seriadas:

En Chicago, el cuarteto de cuerdas *interpretará* el opus 74 de Beethoven; el trío de piano, el opus 70 número 1, *y* la orquesta completa, el opus 55 en mi bemol.

El jefe de Gobierno *nombrará* una comisión; la comisión, un encargado; el encargado, un representante, *y* el representante, un empleado.

El café se cultiva en regiones tropicales de altura; el trigo, en planicies de clima templado, *y* la mariguana, donde lo exige el enorme mercado de Estados Unidos.

# Capítulo 11

## Usos de la coma II: las comas discrecionales

En los cuatro casos que hemos estudiado, el uso de la coma es obligatorio. En los casos de la coma parentética y la del vocativo, puede que se requiera una sola coma, y en ocasiones, dos, según la ubicación del inciso o del vocativo dentro de la oración. Vimos que la coma serial separa dos elementos seriados, sean palabras solas, palabras y frases, u oraciones. Y en casos de elipsis aprendimos que la coma que remplaza al verbo callado trabaja en conjunción con un punto y coma, la cual separa las oraciones seriadas.

En los dos usos que aún quedan por estudiar, la coma es discrecional. Lo anterior no quiere decir que uno la pone si lo desea, y si no lo desea, puede eliminarla. Esto sería una *discrecionalidad absoluta*, y solo se da en dos situaciones. En las demás, se aplican reglas específicas que nos informan si debemos emplear la coma obligatoriamente o si podemos eliminarla. Se trata, en general, de una *discrecionalidad relativa*. Estas situaciones dependen de circunstancias sintácticas muy claras que explicaremos y ejemplificaremos en su momento.

## Usos discrecionales de la coma

La coma que se usa después del complemento en una inversión sintáctica
La coma que se usa después de sujetos que incluyen oraciones
subordinadas, o que *son* oraciones subordinadas

# 5: La coma de la inversión sintáctica

Como vimos en el capítulo 7, que versa sobre la estructura del predicado, ocurre una *inversión sintáctica* cuando anteponemos cualquiera de los tres complementos al verbo. Allí vimos que en el lenguaje oral es sumamente común que invirtamos el complemento directo, el indirecto o el circunstancial, y esto no causa problema alguno. En el caso de inversiones de complemento directo e indirecto, solemos *reduplicarlos* con su pronombre respectivo. Aquí están subrayados; los complementos invertidos aparecen en letra cursiva:

> *Esa obra de teatro*, <u>la</u> van a poner en el Centro Cultural Helénico.
> (Inversión del complemento directo).
> *Los libros*, mété<u>los</u> en la cajuela. (Inversión de complemento directo).
> *A Patricio* <u>le</u> van a dar el premio. (Inversión de complemento indirecto).
> *A esos tontos* no <u>les</u> daría ni la hora. (Inversión de complemento indirecto).

También aclaramos en el capítulo 7 que en el lenguaje escrito solemos evitar la inversión de los complementos directo e indirecto. Solamente invertimos estos cuando queremos hacer especial énfasis en ellos, como al escribir: «A *un senador* no se <u>lo</u> puede engañar impunemente» o «*Al director general* <u>le</u> enviaremos la carta que extrajimos del expediente; no tiene caso que la vean subalternos». Estos énfasis justifican la inversión pero normalmente usaríamos el orden sintáctico natural: «No se puede engañar a un senador impunemente». «Enviaremos al director general la carta que extrajimos del expediente».[1]

En el lenguaje escrito, sin embargo, son muy frecuentes, muchas veces útiles y aun *necesarias* las inversiones de los complementos circunstanciales. Elaboremos sobre aquellos ejemplos:

1.  Corrieron vilmente a mi hermano de su trabajo. / Vilmente, corrieron a mi hermano de su trabajo. / De su trabajo, vilmente, corrieron a mi hermano. / De su trabajo, corrieron a mi hermano vilmente.

---

1 Como usted recordará, la sintaxis natural, o lógica, obedece a esta estructura: Sujeto + núcleo de predicado + comp. dir. + comp. ind. + comp. circ. En el segundo ejemplo, sin embargo, pusimos el indirecto antes del directo, por claridad, pero esto no implica una inversión sintáctica: estas solo ocurren cuando el complemento va antes del verbo. Aquí, ambos van después; nada más cambiamos su orden. Esta flexibilidad ayuda a evitar muchos problemas de comprensión, como lo atestiguamos en este ejemplo.

2. Vi esa película hace un año en París. / En París, vi esa película hace un año. / Hace un año, vi esa película en París. / Hace un año, en París, vi esa película.
3. Hay que comprar las computadoras en oferta sin pensarlo dos veces. / Sin pensarlo dos veces, hay que comprar las computadoras en oferta. / En oferta, hay que comprar las computadoras sin pensarlo dos veces. / En oferta, sin pensarlo dos veces, hay que comprar las computadoras.

Ahora, la regla general: *Después de una inversión sintáctica, puede usarse una coma.* ¿Qué significa esto? Cuando se trata de una inversión sintáctica *en la escritura* —por lo general del complemento circunstancial—, podemos invocar la *discrecionalidad absoluta*,[2] salvo en los cuatro casos específicos que veremos pronto. Es decir, excepto en estos cuatro casos, somos libres de poner o no poner una coma después del complemento invertido. Será una cuestión de gusto. Los complementos invertidos están en letra cursiva:

*Ayer*, leímos las declaraciones del alcalde. / *Ayer* leímos las declaraciones del alcalde.
*Con gran intensidad*, la actriz hizo el papel. / *Con gran intensidad* la actriz hizo el papel.
*A tres kilómetros*, encontraron el cadáver. / *A tres kilómetros* encontraron el cadáver.
*Después de todo*, no hay nada que hacer. / *Después de todo* no hay nada que hacer.

No obstante lo que acabamos de establecer, habrá casos cuando la coma sí ayudará al lector, por una o más razones. Puede ayudar la coma por la complejidad de la inversión —sobre todo si estamos invirtiendo toda una oración subordinada circunstancial— o porque no queremos que se junten dos palabras que no tienen nada que ver entre sí gramaticalmente. Esto suele suceder cuando, al invertir el complemento, un sustantivo queda junto a un adjetivo que no lo modifica. También ocurre con un verbo cuando queda junto a un adverbio que tampoco lo modifica. Estos son *casos que crean ambigüedad o confusión.* Cuando esto sucede, la coma se vuelve obligatoria. Veamos algunos ejemplos de ambas estructuras, las de inversiones complejas —donde la coma sigue siendo

---

2 Este es el primero de los dos casos de la *discrecionalidad absoluta* que mencionamos al principio de este capítulo.

discrecional—, y aquellas donde pudiera haber confusión o ambigüedad, donde la coma será necesaria:

Cuando caen lluvias torrenciales el tráfico suele congestionarse terriblemente.
Cuando caen lluvias torrenciales, el tráfico suele congestionarse terriblemente.

En la presencia del enemigo podemos medir nuestra fuerza.
En la presencia del enemigo, podemos medir nuestra fuerza.

En estos ejemplos ayuda la coma pero no es absolutamente indispensable porque la proposición aún se entiende sin ella.
En estos ejemplos, ayuda la coma pero no es absolutamente indispensable porque la proposición aún se entiende sin ella.

En estos ejemplos ayuda la coma pero no es absolutamente indispensable porque la proposición aún se entiende sin ella. Aquí la discrecionalidad sigue siendo absoluta. Pero fijémonos en los que siguen, donde hay confusiones y ambigüedades serias.

## Ya no hay discrecionalidad, caso 1 (ambigüedad o confusión):

Aunque el uso de la coma es discrecional cuando la inversión sintáctica no presenta mayores complicaciones, sí hay cuatro circunstancias —dentro de las proposiciones con alguna inversión sintáctica— donde la coma sí se vuelve obligatoria. Ahora, dentro del primer caso excepcional (cuando hay ambigüedad o confusión), veremos varias series de ejemplos donde desaparece la discrecionalidad. La regla es esta: *si se crea una confusión o ambigüedad al realizar la inversión sintáctica, debe colocarse una coma en el lugar indicado para eliminar esta confusión o ambigüedad.*

a. Por la calle silenciosa vendrá la vengadora de mis hermanos.
b. Por la calle, silenciosa vendrá la vengadora de mis hermanos.
c. Por la calle silenciosa, vendrá la vengadora de mis hermanos.

En esta primera serie, se trata de una simple inversión sintáctica de complemento circunstancial. (En las demás, veremos oraciones subordinadas circunstanciales). Aun así, se suscita ambigüedad y confusión, lo que vuelve indispensable el uso de la coma. ¿Cuál es *silenciosa*? ¿La vengadora de mis hermanos (caso *b*), o la calle (caso *c*)? Si deseamos conservar esta sintaxis, no podemos prescindir de la coma (caso *a*). Tenemos que indicar exactamente qué o quién es silenciosa: la calle o la vengadora de mis hermanos. Logramos esto con la correcta colocación de la coma. Ahora, ejemplos con oraciones subordinadas circunstanciales en inversión sintáctica:

a. Cuando caen lluvias torrenciales brutalmente los automovilistas se enojan unos con otros.
b. Cuando caen lluvias torrenciales brutalmente, los automovilistas se enojan unos con otros.
c. Cuando caen lluvias torrenciales, brutalmente los automovilistas se enojan unos con otros.

Con este ejemplo, donde la confusión es entre el verbo y su adverbio, vemos que la coma es necesaria para aclarar si las lluvias torrenciales *caen* brutalmente (caso *b*), o si los automovilistas *se enojan* brutalmente unos con otros (caso *c*). No debemos dejar la proposición sin coma (caso *a*). Ahora viene un ejemplo parecido pero la confusión gira alrededor de la estructura *sustantivo-adjetivo*:

a. Cuando caen lluvias torrenciales brutales automovilistas se enojan unos con otros.
b. Cuando caen lluvias torrenciales brutales, automovilistas se enojan unos con otros.
c. Cuando caen lluvias torrenciales, brutales automovilistas se enojan unos con otros.

En esta serie tenemos otros problemas. ¿Son lluvias torrenciales brutales (caso *b*), o se trata de automovilistas brutales (caso *c*)? Otra vez, no podemos dejar de usar una coma (caso *a*). Pasemos, ahora, a otros ejemplos donde pudiera haber ambigüedad o confusión.

a. Cuando un agente viene armado con insultos no puedo contenerlo.
b. Cuando un agente viene, armado con insultos no puedo contenerlo.
c. Cuando un agente viene armado, con insultos no puedo contenerlo.
d. Cuando un agente viene armado con insultos, no puedo contenerlo.

La confusión brota aquí por el participio pasivo *armado*. ¿Funciona como simple adverbio, o incluso como adjetivo (caso *c*)? ¿O funciona modalmente (casos *b* y *d*)? ¿El agente viene armado, y no puedo contenerlo, armado con insultos (caso *b*)? ¿O será que el agente viene armado, y con insultos no puedo contenerlo (caso *c*)? O, finalmente, ¿será que viene el agente armado con insultos, y no puedo contenerlo (caso *d*)? Evidentemente, no podemos dejar de usar la coma, como en el caso *a*.

a. Porque la maestra ganó la lotería será el tema de conversación.
b. Porque la maestra ganó, la lotería será el tema de conversación.
c. Porque la maestra ganó la lotería, será el tema de conversación.

Aquí el problema se suscita por la confusión que existe alrededor de la palabra *lotería*. ¿Es complemento directo, como en el caso *c*, o es el sujeto de la oración principal, como en el caso *b*? De nuevo, no podemos dejar la proposición sin coma (caso *a*). En el caso *c*, el sujeto de la oración principal es tácito: podría ser *la maestra* o *la lotería*. El contexto debería aclararlo. Si no lo aclarase, habría que replantear la redacción de la letra *c*.

a. Ya que Corea del Norte desarrolló artefactos nucleares formidables negociaciones nos esperan.
b. Ya que Corea del Norte desarrolló artefactos nucleares, formidables negociaciones nos esperan.
c. Ya que Corea del Norte desarrolló artefactos nucleares formidables, negociaciones nos esperan.

Los conflictos internacionales están a la orden del día. ¿Pero exactamente qué es *formidable*? ¿Serán las negociaciones que nos esperan (caso *b*)? ¿O serán los artefactos nucleares de Corea del Norte (caso *c*)? Esta confusión sucede por la cercanía inmediata del sustantivo *negociaciones* y el adjetivo *formidables*. Además, *formidables* puede modificar a *artefactos nucleares*. Sin coma (caso *a*), la proposición sería un desastre en cuanto a la redacción. Con la coma correctamente colocada (*b* o *c*), el lector va a entender un mensaje claro. ¡Ojalá que sea el que el redactor quería trasmitir!

En todos estos casos, la discrecionalidad del redactor no es absoluta. Tendrá que decidir dónde va la coma para evitar confusiones y ambigüedades.

*Ya no hay discrecionalidad, caso 2*
*(después de oraciones subordinadas*
*circunstanciales condicionales):*

Si bien la coma es discrecional tras las inversiones sintácticas que no presenten confusiones o ambigüedades, *cuando se trata de invertir una subordinada circunstancial condicional, la coma deja de ser discrecional y se vuelve obligatoria.* Si el redactor sigue la sintaxis natural, la coma no hace falta. Las oraciones subordinadas circunstanciales condicionales están en letra cursiva, y los sujetos de las oraciones principales aparecen subrayados:

<u>Yo</u> te prestaré el dinero *si logro cobrar mi cheque antes de las tres.*
<u>Esos países</u> considerarán ofrecer el blindaje económico
*si el Gobierno promete cooperar con el FMI.*
<u>Su argumento</u> no valdrá *si usted insiste en comportarse como payaso.*

Pero si las invertimos, si las colocamos antes del verbo principal, la coma se vuelve indispensable. Curiosamente, en estos casos es más frecuente usar la inversión sintáctica que la sintaxis natural.

*Si logro cobrar mi cheque antes de las tres,* <u>yo</u> te prestaré el dinero.
*Si el Gobierno promete cooperar con el FMI,* <u>esos países</u> considerarán
ofrecer el blindaje económico.
*Si usted insiste en comportarse como payaso,* <u>su argumento</u> no valdrá.

*Ya no hay discrecionalidad, caso 3*
*(cuando el complemento invertido incluye*
*un gerundio o participio pasivo):*

Esta regla del uso obligatorio de la coma es sencilla: *si la inversión sintáctica incluye un gerundio o participio pasivo, se coloca una coma al final de la inversión.* No hay mayor complicación:

*Entregada* la mercancía, no se admiten devoluciones.
Una vez *iniciada* la función, nadie podrá entrar al auditorio.
*Muerto* el niño, se tapa el pozo.
*Dados los resultados* del examen de ADN, el juez exonerará al inculpado.

*Habiendo concluido* la conferencia, el primer ministro se retirará a recibir
preguntas de la prensa.
*Escogiendo sus palabras cuidadosamente*, el sacerdote se defendió
de las acusaciones.
*Calculando las pérdidas*, el director general no levantó la vista.
*Conociendo al senador*, no me sorprende su decisión.

## Ya no hay discrecionalidad, caso 4 (cuando el complemento invertido consiste en un adverbio o frase adverbial empleado de manera absoluta):

El papel de los adverbios es el de modificar un verbo, adjetivo u otro adverbio. Cuando esto sucede, no interviene ninguna coma, de la misma manera en que no usamos una coma entre un sustantivo y su adjetivo, ni entre el sujeto y el predicado. Es así por la regla de la sintaxis natural: cuando seguimos el orden sintáctico lógico, no hace falta ninguna coma a menos que se dé una de las situaciones que ahora estamos exponiendo en este y el capítulo anterior. Como ejemplo del uso normal del adverbio o locución adverbial dentro de una inversión sintáctica, pondré unos cuantos casos:

*Velozmente* llegó la ambulancia para brindar auxilio.
*Con desdén* devolvió el hombre los 100 pesos a la mujer.
*Con abierto cinismo* exigió el custodio una «cooperación voluntaria».
*Desde la barrera* vemos los toros muy bien.
*Muy despacio* los cirujanos levantaron el vendaje.
*Cerca de las 15 horas* empezarán a sonar las campanas.

Técnicamente, la regla de la discrecionalidad absoluta nos permitiría emplear comas después de estas inversiones que incluyen adverbios o locuciones adverbiales (aquí en letra cursiva), mas en ningún caso es preciso hacerlo. En cada una de las oraciones anteriores el adverbio o locución modifica al verbo. Pero en ocasiones estos adverbios o locuciones no modifican expresamente el verbo sino *toda* la oración o proposición. Esto se llama el uso *absoluto* del adverbio o locución adverbial. La regla es como sigue: *si dentro de una inversión sintáctica se emplea un adverbio de manera absoluta, debe ir una coma al final de la inversión.* Ejemplos:

1. *Honestamente*, Osorio no sabe cómo responder a esta carta.
2. *Al decir de la periodista*, el papa se retiró con un gesto de fatiga.
3. *Por fortuna*, el Gobierno tendrá que disculparse ante la oposición.
4. *Desgraciadamente*, el Gobierno no desea ofrecer disculpa alguna a la oposición.
5. *Concretamente*, no sabemos nada.
6. *En general*, pocos desean estudiar gramática, sintaxis y redacción.
7. *Extrañamente*, no se presentó la esposa del diputado.
8. *Por ejemplo*, se usa una coma después de una inversión que incluye un adverbio o locución adverbial empleados de manera absoluta.
9. *En otras palabras*, hay casos cuando tras la inversión sintáctica es preciso usar una coma, como en estos ejemplos del uso absoluto del adverbio o locución adverbial.
10. *Hablando claro*, no tengo la menor idea.[3]

¿Por qué decimos que estos adverbios y locuciones adverbiales son empleados *absolutamente*? En el número 1, por ejemplo, no es que Osorio no sepa responder honestamente. Aquí, el adverbio *honestamente* se refiere a quien hace la afirmación («hablando [yo] *honestamente*») y se aplica a toda la oración, no al verbo. Esta misma lógica se emplea en cada uno de los ejemplos. En ninguno de los casos sirve el adverbio o locución adverbial para modificar el verbo principal. Vaya: en el número 6 no es que «pocos desean estudiar gramática, sintaxis y redacción *en general*»; *en general* no es el modo en que no desean estudiar. La locución *en general* se refiere a toda la proposición.

Y en el número 8 no «se usa *por ejemplo* una coma después de una inversión»; para decirlo de otro modo, la coma no es usada como *un ejemplo*, sino que se da un ejemplo del uso de la coma, y la locución *por ejemplo* se aplica a toda la proposición. Si uno contrasta estas proposiciones que ilustran el uso absoluto del adverbio o locución adverbial —donde estos rigen toda la oración y no solo el verbo— con el uso del adverbio (o locución) que modifica al verbo principal en el sentido convencional, se volverá evidente la necesidad de poner una coma después de las inversiones que incluyen este uso absoluto de adverbios y locuciones adverbiales.

---

3 Aquí se enciman dos usos de la coma: el que ahora estamos viendo y el de la coma de las inversiones sintácticas que incluyen gerundios o participios pasivos.

*La coma y las inversiones sintácticas, en resumen...*

Las inversiones sintácticas abundan, y la gran mayoría no requiere el uso de una coma para separarlas del resto de la oración. En algunos casos el redactor considerará que la coma, aunque no absolutamente necesaria, podría ayudar en la lectura. Esto se ve en la proposición anterior, por ejemplo. Pudimos haber escrito: *En algunos casos*, el redactor considerará que la coma, aunque no absolutamente necesaria, podría ayudar en la lectura. No puse la coma porque no pensé que fuera necesaria, pero tampoco estorba. Esto cae dentro de la *discrecionalidad absoluta* que suele regir con el uso de las inversiones sintácticas.

Pero vimos cuatro casos específicos en que la coma sí se vuelve necesaria: cuando la inversión sintáctica...

1.  crea una confusión o ambigüedad.
2.  es una oración subordinada circunstancial condicional.
3.  incluye un gerundio o participio pasivo.
4.  incluye un adverbio o locución adverbial de manera absoluta.

# 6: la coma después de un sujeto que es o incluye una oración subordinada

La segunda coma discrecional contradice, en apariencia, la regla de *no uso* de la coma que vimos en el capítulo 10 (el segundo mandamiento de la buena redacción).[4] ¡Pero hay una razón de peso para que así sea! La regla de *no uso* afirma, en tantas palabras, que no hay que separar el sujeto del predicado con una coma. No debemos escribir proposiciones como «Los últimos ajustes en el presupuesto del año pasado, *sugieren la necesidad de practicar una auditoría*». (El sujeto está subrayado, y el predicado aparece en letra cursiva).

En efecto: no hay ninguna justificación para poner esa coma. Pero cuando el sujeto es o incluye una oración subordinada, la proposición se complica considerablemente en virtud de la presencia de por lo menos dos verbos —el que está dentro de la subordinada en el sujeto y el de la oración principal— y, posiblemente, una buena cantidad de complementos. Esto, en el lenguaje

---

4 En la *Ortografía de la lengua española* (véase nota 3 del capítulo 10) en la página 314 se afirma lo contrario de lo que aquí expondremos. Curiosamente, la *Ortografía de la lengua española* emplea un ejemplo donde no hay confusión alguna y no menciona qué sucede en caso de anfibología, precisamente lo que aquí buscamos aclarar.

oral, no presenta problema alguno, gracias a sus abundantes recursos no verbales, pero en la escritura sí puede conducir a una serie de problemas imprevistos si no establecemos claramente qué sujetos rigen a qué verbos. Para lograrlo fácil y claramente, la coma sirve muy bien.

Esta coma es discrecional, lo cual quiere decir que no siempre será necesaria. Hay ocasiones en que, aun con una oración subordinada dentro del sujeto, la proposición se comprenderá perfectamente sin la coma entre sujeto y predicado. Aquí es donde entra en juego, una vez más, la *discreción* del redactor. Si desea evitar toda posibilidad de error, puede incluir la coma siempre. Cuando sienta más seguridad al redactar, podrá ejercer su discreción con mayor libertad.

Veamos, primero, unos ejemplos de proposiciones con sujetos que incluyen oraciones subordinadas, sin ser —en sí— oraciones subordinadas de sujeto. Las subordinadas dentro del sujeto aparecen en letra cursiva:

a. El café *que acabamos de importar*, posee gran cuerpo.
b. El huracán *que arrasó con tantas vidas*, figura aún en los periódicos.
c. El hombre *que asesina por odio*, olvida su propia humanidad al desconocer la ajena.
d. El tren *que descarriló en Washington,* mató a seis personas.

Lo confieso: cuando redacté estos cuatro ejemplos pensé que todos podrían ir con o sin coma, y que no habría confusión alguna. Si hubiera sido así, usar la coma o dejar de usarla habría sido una simple cuestión de gusto. Y creo que lo logré en los primeros dos ejemplos:

a. El café *que acabamos de importar* posee gran cuerpo.
b. El huracán *que arrasó con tantas vidas* figura aún en los periódicos.

Aun sin la coma, no se presenta ninguna confusión a la hora de leer estas dos proposiciones. Pero sucedió algo curioso en los casos 3 y 4, y de esto no me di cuenta hasta un buen rato *después* de haberlos escrito. ¡Este es precisamente el problema que buscamos evitar con la regla 6 de la coma! Uno debe estar muy seguro de que el lector, al no ver la coma después del sujeto que incluye una subordinada, no se confundirá. Aquí consignaré las otras *lecturas* que podrían hacerse con los números 3 y 4, respectivamente:

a. El hombre *que asesina*, por odio olvida su propia humanidad al desconocer la ajena.
b. El tren *que descarriló*, en Washington mató a seis personas.

# Usos de la coma II: las comas discrecionales

El complemento circunstancial que se inserta después del verbo subordinado, puede pertenecer a la oración subordinada o al predicado de la oración principal.[5] La única herramienta que tenemos a nuestra disposición para aclarar qué complemento pertenece a qué verbo —el subordinado o el principal—, es la coma.[6] Veamos cuatro ejemplos más donde puede presentarse confusión:

1. Los teléfonos inalámbricos *que acaban de llegar de China en secreto*, saldrán de la misma manera.
2. Los teléfonos inalámbricos *que acaban de llegar de China*, en secreto saldrán de la misma manera.

3. Varias reglas de la coma *que ya hemos visto en este capítulo*, demuestran lo que acabo de esbozar.
4. Varias reglas de la coma *que ya hemos visto*, en este capítulo demuestran lo que acabo de esbozar.

5. Los dispositivos digitales *que emplean los bancos como seguridad adicional*, brindan más confianza.
6. Los dispositivos digitales *que emplean los bancos*, como seguridad adicional brindan más confianza.

7. El detalle *que usted descubrió en ese cuadro*, sin mayor demora debe ser expuesto al mundo.
8. El detalle *que usted descubrió en ese cuadro* sin mayor demora, debe ser expuesto al mundo.

Con estos ejemplos se evidencia la sabiduría de la regla 6, aunque en apariencia contradice la regla de *no uso*. Esta solo se aplica a sujetos que no incluyen o que no son subordinaciones (la vasta mayoría). Ahora veamos algunos ejemplos con sujetos que son, en sí, oraciones subordinadas de sujeto:

1. *El hecho de que acaban de llegar los teléfonos inalámbricos de China*, no significa que saldrán a la venta de inmediato.
2. *Que tú lo digas*, impresionará a todos.
3. *Quienes se adhieran a los procedimientos sin problema*, podrán pedir su reubicación.

---

5 Esta proposición es un excelente ejemplo del uso 6 de la coma.
6 *Idem*.

4.   *La que actúe ahora sin pensarlo*, se perderá mañana.

Se ha dado la misma situación. Las dos primeras oraciones, aun sin la coma, se entienden bien:

1.   *El hecho de que acaban de llegar los teléfonos inalámbricos de China* no significa que saldrán de inmediato.
2.   *Que tú lo digas* impresionará a todos.

Aun así, no estaría de más usarla. Simplemente volvería las proposiciones más legibles, sobre todo en el número 1, ya que tiene *otra* subordinada (complementaria directa) después del verbo principal («que saldrán de inmediato»). También en el ejemplo 2 convendría la coma a pesar de que, en este preciso ejemplo, no hay confusión. Conviene porque al juntarse dos verbos, estos tienen que pertenecer forzosamente a dos oraciones diferentes, sea porque se trata de oraciones en serie, porque una de las oraciones es subordinada dentro de un sujeto, o porque hay otra clase de subordinación que, probablemente, cabrá dentro de los usos discrecionales de la coma. Por eso es casi siempre recomendable separar dos verbos con una coma cuando aparecen juntos.[7]
En los ejemplos 3 y 4 hay confusiones fácilmente identificables:

3.   *Quienes se adhieran a los procedimientos*, sin problema podrán pedir su reubicación.
4.   *La que actúe ahora*, sin pensarlo se perderá mañana.

Con todos estos ejemplos espero que haya quedado claro que es buena idea emplear una coma después de un sujeto que es o que incluye una oración subordinada, aunque no siempre resulta absolutamente necesario.
Es necesario aclarar que en la *Ortografía de la lengua española*, en la página 314, se afirma lo contrario de lo que aquí hemos expuesto: «Si el sujeto es largo, suele hacerse oralmente una pausa y una inflexión tonal antes del comienzo del predicado, pero esta frontera fónica no debe marcarse gráficamente mediante coma: *Los alumnos que no hayan entregado el trabajo antes de la fecha fijada por el profesor | suspenderán la asignatura*». Estamos de acuerdo en que no debe usarse la coma únicamente porque pueda corresponder a una pausa. Siempre hemos sostenido que las comas tienen razones de ser gramaticales o sintácticas.

---

7 Esta regla, que el autor siempre ha considerado «informal», ha llegado a conocerse como la *Regla de Cohen*. [Nota de los editores].

En el ejemplo citado de la *Ortografía...*, y los otros que emplean, no se da ninguna confusión y, en efecto, no se requiere ninguna coma. Pero acabamos de ver que hay muchos casos cuando, sin la coma entre sujetos que son o que incluyen oraciones subordinadas, se suscitan confusiones inadmisibles. Por esta razón recomendamos que el buen redactor no tome el aserto de la *Ortografía...* al pie de la letra sino razonadamente, como lo hemos hecho aquí.

## En resumen: la coma

Después del punto, la coma es el signo de puntuación más importante. Si usted domina el punto —si no encabalga— y los seis usos de la coma, *ya está del otro lado*: estará redactando con claridad. Hay otros signos de puntuación, desde luego, y los veremos en los próximos dos capítulos. Con ellos usted terminará de colocar los cimientos de una redacción de gran calidad. Y tras dominar el gerundio y la voz pasiva, que vendrán en los capítulos 16 y 17, solo quedará que usted vaya mejorando su estilo, con práctica y mucha atención a los grandes maestros de la prosa ensayística en lengua castellana.

# Capítulo 12

## El punto y coma y los dos puntos

# Los cuatro *caballitos de batalla*

Aunque todavía nos faltarán los *otros* signos, los *menores*,[1] con estos dos terminaremos de ver los cuatro *caballitos de batalla* de la puntuación:

1. [ . ] **el punto** (lo vimos en relación con los conceptos de
2. *proposición* y *encabalgamiento*).
3. [ , ] **la coma** (vimos seis usos de la coma, cuatro obligatorios y dos discrecionales).
4. [ ; ] **el punto y coma** (en ocasiones se emplea solo; a veces, en conjunción con la coma, como vimos en casos de *elipsis* [«verbo callado»] y cuando introducimos información incidental dentro de series cuyos elementos son separados con comas).
5. [ : ] **los dos puntos** (en la buena prosa, hay cinco usos para los dos puntos y, como veremos, hay situaciones en que la gente los usa cuando *no* debe).

---

1 Como veremos en el capítulo 13, se trata de las comillas (sencillas y dobles), los guiones (largos y cortos), los signos de interrogación y exclamación (de apertura y cierre), los puntos suspensivos y los paréntesis (redondos, como estos, y también los cuadrados, los que se llaman *corchetes*: [ ]).

## Punto y coma 1: La coordinación por yuxtaposición

En el capítulo 8 vimos cómo se coordinan dos oraciones independientes mediante la *yuxtaposición*. Se apuntó allí que la manera más común de hacerlo es colocar entre estas oraciones independientes un punto y coma. En ese momento nos referimos a la potencia de este signo: para efectos prácticos, es el equivalente gramatical de punto y seguido. Por esto, el punto y coma está lejos de ser «el punto medio entre el punto y la coma». Está —casi siempre— muchísimo más cerca del punto que de la coma.[2] Lo que diferencia el punto y coma [ ; ] del punto [ . ] no es precisamente una razón gramatical sino ideológica. Al yuxtaponer dos oraciones independientes con punto y coma, enviamos una señal al lector: ¡Ojo! Las dos oraciones unidas por el punto y coma guardan *entre sí una relación aún más estrecha que las demás que se hallan en este párrafo*. Debemos recordar que todas las proposiciones que se incluyen en un párrafo giran alrededor de una idea principal; todas guardan cierta relación entre sí. Pero cuando usamos punto y coma, como en la proposición anterior a esta, le decimos al lector que la oración yuxtapuesta se relaciona con la primera de manera aún más íntima. Podríamos poner entre ellas un punto y seguido, pero con el punto y coma establecemos la independencia gramatical de las dos oraciones —para que no se dé lugar a las confusiones que se suscitan con el encabalgamiento— y al mismo tiempo manifestamos la cercanía de su sentido. Veamos de nuevo dos ejemplos que vienen del capítulo 8. Los verbos de cada oración independiente aparecen en letra cursiva:

---

2 Podría argumentarse que el punto y coma es «el signo intermedio entre el punto y la coma» precisamente en los casos de elipsis y de las oraciones seriadas que incluyen incisos, pues en estos lo que normalmente sería coma se convierte en punto y coma, pero técnicamente podría ser punto y seguido: «Este libro enseña redacción. Aquel, matemáticas» (elipsis). O: «Los empleados trabajaron hasta las ocho, por gusto. Salieron a las 20:15 horas, pues aún no empezaba a llover. Tomaron un autobús a las 20:30, ya que no había taxis». (Estas son oraciones que podrían ser seriadas, con incisos; aquí, gracias a los puntos, no se seriaron). Como lo que originalmente habría sido coma puede terminar siendo punto (cuando se decide no seriar las oraciones sino hacerlas independientes, como en el ejemplo anterior), podría afirmarse —en efecto— que el punto y coma que usamos para separar las frases u oraciones seriadas es un «signo intermedio» entre el punto y la coma. Pero debemos tener mucho cuidado porque solo podría entenderse así en estos casos, que son los menos frente a las yuxtaposiciones de oraciones que ni son seriadas ni casos de elipsis. En otras palabras, como definición no sirve el estribillo de que «el punto y coma es el signo intermedio entre el punto y la coma».

El secretario de Gobernación *goza* de ciertos privilegios dentro del gabinete; no *requiere* permiso especial para ver al presidente.

La tecnología *forma* parte de la idiosincrasia humana; *nos distinguimos* de otros animales precisamente por nuestro afán de crear nuevas herramientas, cada vez más útiles.

También es posible coordinar, mediante punto y coma, proposiciones que incluyen oraciones subordinadas. Lo importante es que ambas proposiciones sean *completas*. Esto significa que deben tener todos los elementos gramaticales necesarios. Primero, a partir de estos dos ejemplos, veamos el uso correcto del punto y coma entre proposiciones que incluyen oraciones subordinadas. Los verbos de las oraciones subordinadas aparecen subrayados:

El secretario de Gobernación *goza* de ciertos privilegios dentro del gabinete, ya que coordina los elementos esenciales de la línea política del Gobierno; no *requiere* permiso especial para ver al presidente, aunque otros secretarios de Estado, que no gozan de este privilegio, puedan sentirse celosos.

La tecnología, que no trata únicamente de cuestiones electrónicas, *forma* parte de la idiosincrasia humana; *nos distinguimos* de otros animales precisamente por nuestro afán de crear nuevas herramientas, cada vez más útiles, que no solo nos auxilian en nuestras labores sino que también estimulan nuestro cerebro para seguir innovando.

## Punto y coma 2: Elipsis

En el capítulo 10 vimos cómo se emplea, conjuntamente, la coma y el punto y coma en casos de *elipsis* o *verbo callado*. Veamos un par de ejemplos para refrescarnos la memoria:

El jefe de Gobierno *nombrará* una comisión; la comisión, un encargado; el encargado, un representante; el representante, un empleado.

El café se cultiva en regiones tropicales de altura; el trigo, en planicies de clima templado; la mariguana, donde lo exige el enorme mercado de Estados Unidos.

En resumidas cuentas, se trata de oraciones en serie que comparten el mismo verbo. Este solo se escribe la primera vez dentro de la proposición. Después se escribe una coma en lugar del verbo *elidido* o *suprimido*. El papel del punto y coma en esto es el de separar las oraciones seriadas. Si estas no compartieran el mismo verbo, usaríamos una coma simple, pero como debemos emplear coma en lugar de los verbos callados, las comas originales deben *subir de categoría*: convertirse en punto y coma.

Actualmente, en la realidad de la redacción cotidiana se respeta cada vez menos esta combinación de coma y punto y coma, aun entre escritores de renombre. En parte se debe a que muchas personas han decidido, simple y sencillamente, no usar el punto y coma por ningún motivo, sea porque le tienen miedo, porque no saben usarlo o porque alguien les ha dicho que es un signo *anticuado*.

En primer lugar, no debemos tenerle miedo: solo hay que aprender cuándo y cómo usarlo. Eso, entre otros quehaceres, es precisamente lo que estamos haciendo en este libro. El punto y coma es un signo sumamente útil. Y de anticuado, el punto y coma no tiene nada. Al contrario, es de un gran refinamiento. Hay que volver a meditar en la sutileza de usar punto y coma en lugar del punto simple. Sí existe una diferencia ideológica sensible entre estos dos signos cuando separan oraciones independientes.[3]

Además, en todos los casos que he visto donde los autores no respetan esta combinación en casos de elipsis, el sentido habría sido mucho más claro si la hubieran respetado, y no habrían incurrido en mayores complicaciones. Veamos tres ejemplos de la vida real. En cada uno de ellos el autor optó por emplear la *y* antes de la última oración seriada. Recordemos que la combinación [, y] es el equivalente gramatical de [ ; ]:

La literatura es variable y la poesía eterna. (*La Jornada*)

[...] hoy es posible articular una alianza por la salvación de
la humanidad de una amplitud sin precedentes, cuyo escenario
de lucha sería político y sus armas las ideas humanistas
universales [...] (*Idem*)

---

3 Como acabamos de ver en «Punto y coma 1», estas oraciones independientes pueden ser acompañadas por oraciones subordinadas.

—Mijita, los ríos arrastran piedras y las palabras embarazos.
(recorte sin identificar)

## Corregidas:
La literatura es variable, y la poesía, eterna.

[...] hoy es posible articular una alianza por la salvación de la humanidad de una amplitud sin precedentes, cuyo escenario de lucha sería político, y sus armas, las ideas humanistas universales [...]

—Mijita, los ríos arrastran piedras, y las palabras, embarazos.

## Con punto y coma en lugar de [, y]:
La literatura es variable; la poesía, eterna.

[...] hoy es posible articular una alianza por la salvación de la humanidad de una amplitud sin precedentes, cuyo escenario de lucha sería político; sus armas, las ideas humanistas universales [...]

—Mijita, los ríos arrastran piedras; las palabras, embarazos.

En cada ejemplo, el sentido se vuelve más claro si utilizamos cualquiera de las últimas dos opciones: la combinación [, y] o el punto y coma. En el tercer caso, *embarazos* no es aposición de *palabras*: las palabras no son embarazos, «palabras embarazos». Las palabras *arrastran* embarazos. Esto se evidencia con la puntuación correcta.

Los primeros dos ejemplos emplean el verbo *ser*, el cual es copulativo. Esto complica aún más la situación; sin la coma entre *poesía* y *eterna*, parece que *eterna* es adjetivo calificativo de *poesía*: la poesía *eterna*. Pero este adjetivo es, en realidad, el *atributo* de poesía.[4] La literatura **es** *variable*, y la poesía **es** *eterna*. No estamos hablando de *poesía eterna* sino de *la* poesía [forma literaria], *que es* eterna. ¡Hay una gran diferencia! Y esta diferencia se pierde si no puntuamos correctamente.

El segundo caso, el cual también emplea el verbo copulativo *ser*, presenta una circunstancia parecida mas no igual. Lo que sigue del verbo suprimido, en lugar de ser un adjetivo, es una frase sustantiva: *las ideas humanistas universales*. En otras palabras, «sus armas» *son* «las ideas humanistas universales»,

---

4 Algunos gramáticos llaman *predicativo* al *atributo*, pero se trata de lo mismo.

o al revés: «las ideas humanistas universales» *son* «sus armas». Oraciones de esta naturaleza se llaman *de predicado nominal*, pues el sujeto puede ser el predicado, y el predicado puede ser el sujeto, como en ejemplos tan comunes como estos: «Juan *es* mi hermano / Mi hermano *es* Juan» y «Esta fuga es un ejemplo de contrapunto a cuatro voces / Un ejemplo de contrapunto a cuatro voces *es* esta fuga».

Al no emplear la puntuación correcta, el autor de este segundo ejemplo conduce al lector a una gran confusión: parece que *sus armas* viene seriado con *político*, cosa imposible porque *político* es adjetivo, no sustantivo como *armas*; después, no se comprende de inmediato la relación entre *las armas* y *las ideas humanistas universales*. Es necesario que el lector relea la proposición para poder interpretarla correctamente. ¿Por qué obligar al lector a hacer el trabajo que solo corresponde a quien escribe, el redactor?

Y para terminar de rebatir a los que no comulgan con el punto y coma, alegando que es *anticuado*, este signo es bastante más joven que la coma, empleada desde el siglo XIII, en la forma de la *vírgula suspensiva* [ / ]; en el XVI se bajó a la parte inferior del renglón y asumió su actual forma curva, más pequeña. El punto y coma, por otro lado, fue invento del impresor italiano Aldus Manutius hacia finales del siglo XV o principios del XVI. De allí pasó a Inglaterra alrededor de 1560, y después se propagó al resto de Europa. Así vemos que el punto y coma tiene unos 300 años menos que la coma. ¡Un jovencito, en comparación!

## Punto y coma 3: Para introducir información incidental dentro de series cuyos elementos son separados con comas

En el capítulo 10 aprendimos que es necesario emplear comas para separar elementos en serie, que pueden ser palabras de la misma clase (sustantivos, adjetivos, adverbios o preposiciones; en el caso siguiente son sustantivos): «Necesito comprar *carne, verduras, leche, pan, postre*»; frases de la misma naturaleza (en este caso, sustantiva): «Debemos concentrarnos en *la cartera vencida, clientes en peligro de perder su empleo, hipotecas impagables*»; combinaciones de palabras y frases de la misma naturaleza (en este caso también, sustantiva): «La banca da servicios de *préstamo, inversión a plazo fijo, ahorro, seguros de toda índole*»; oraciones en serie: «El asesino *se acercó a la puerta, levantó su rifle, enfocó a su víctima* y *jaló el gatillo*».

Ahora bien, si fuéramos a incluir cualquier información incidental dentro de estas series, deberíamos *subir de categoría* las comas, tal como hicimos en casos de elipsis: deben convertirse en punto y coma. Usaríamos comas para indicar qué inciso pertenece a qué elemento de la serie:

Necesito comprar *carne*, que no sea de puerco; *verduras*, para hervirse en baño maría; *leche*, pero solo deslactosada; *pan*, siempre y cuando no sea blanco, y *postre*.

Debemos concentrarnos en *la cartera vencida*, que siempre ha sido preocupante; *clientes en peligro de perder su empleo*, porque dejarán de pagar sus deudas; *hipotecas impagables*, debido a que hundirán a todo el sistema financiero.

La banca ofrece servicios de *préstamo*, sobre todo a los ricos; *inversión a plazo fijo*, a aquellos que no están obligados a vivir al día; *ahorro*, a quienes no erogan todo su sueldo en comida y vivienda; *seguros de toda índole*, pero solo a aquellos que realmente no los necesitan.

El asesino, con un sigilo increíble, *se acercó a la puerta*; *levantó su rifle*, sin que nadie notara el movimiento; con sangre fría, *enfocó a su víctima*; y, sin pensarlo dos veces, *jaló el gatillo*.

El ejemplo siguiente proviene de un texto sobre los hijos de soldados alemanes y mujeres francesas durante la Segunda Guerra Mundial:

En el este, Alsace-Moselle fue anexado por el Tercer Reich; cerca de la frontera con Bélgica, Nord PasdeCalais estaba bajo el mando alemán desde Bruselas; en los Alpes, territorios muy pequeños fueron anexados por Italia.[5]

También es común usar este punto y coma cuando se trata de listas de funcionarios cuyos nombres van acompañados por sus títulos, o cualquier situación análoga de aposición:

A la conferencia asistirán Emiliano Palacios, director de Mercadotecnia; Ulalume Pérez Garrido, subdirectora de Investigación; Marciano Lowenthal, gerente de Finanzas.

---

5 Fabrice Virgili, «Enfants de Boches: the War Children of France», en *The Children of WorldWar II. The Hidden Enemy Legacy*, Kjersti Ericsson y Eva Simonsen (eds.), NewYork, Berg, 2005, p. 138.

El recorrido incluirá visitas a los lugares de nacimiento de Ludwig van Beethoven, el genio de Bonn; Juan Sebastián Bach, el rey de los músicos; Federico Chopin, el poeta del teclado; Mozart, el *clásico* por excelencia, y Salieri, el supuesto asesino de Mozart.[6]

## El punto y coma: un error común

Algunos redactores emplean mal el punto y coma. En general, este error sucede antes de una oración que se subordina a otra principal, como en los siguientes casos:

1. Los accidentes carreteros en Francia van en aumento; aunque se habían tomado medidas al respecto.
2. Un sector de la población belga desea volverse francés; lo cual podría poner en peligro la unidad política de Bélgica.
3. Si comparáramos el francés de Quebec con el de El Hexágono;[7] podría parecer arcaizante.

Debemos grabarnos esta regla: *ningún signo de puntuación, que no sea una coma, puede separar la oración principal de su subordinada*. En el primer ejemplo, podría ir una coma después de la palabra *aumento*. Esto le daría calidad de incidental (no esencial) a la subordinada circunstancial concesiva que sigue:

Los accidentes carreteros en Francia van en aumento, aunque se
habían tomado medidas al respecto.

6 Alejandro Pushkin, para escribir su brevísima obra teatral en dos escenas *Mozart y Salieri*, aprovechó la leyenda de que el compositor italiano Antonio Salieri, avecindado en Viena, envenenó a Wolfgang Amadeus Mozart. No hay ninguna evidencia de que esto sea cierto, pero se ha convertido en mito y ha ganado un lugar sólido en el panteón de las mentiras que «todo el mundo» cree, como aquello de que María Antonieta respondió «Que coman pastel» cuando se le informó que la gente no tenía pan. Y esta mentira seguramente precipitó el estallido de la Revolución francesa.
7 Con frecuencia, los franceses se refieren a su país como «L'Hexagone» por su forma geométrica (un hexágono). Hay 22 regiones en esta *France Métropolitaine* (la Francia metropolitana), y cuatro *régions d'outremer* (regiones de ultramar). Córcega, una «colectividad territorial» —a pesar de no hallarse dentro de *L'Hexagone*— es una de las 22 regiones de la Francia metropolitana.

Sin la coma, la información contenida en la oración subordinada se entendería como esencial:

Los accidentes carreteros en Francia van en aumento aunque
se habían tomado medidas al respecto.

En los ejemplos 2 y 3, la coma es absolutamente necesaria. En el segundo, la coma es imprescindible porque la subordinada que sigue es, en definitiva, incidental, en virtud del conector *lo cual*, que siempre introduce oraciones subordinadas adjetivas explicativas, como vimos en el capítulo 9.

Un sector de la población belga desea volverse francés, lo cual
podría poner en peligro la unidad política de Bélgica.

Si quisiéramos conservar el punto y coma, tendríamos que convertir la subordinada en una oración gramaticalmente independiente, *coordinada por yuxtaposición* con la anterior:

Un sector de la población belga desea volverse francés; esto podría
poner en peligro la unidad política de Bélgica.

Solo puede usarse coma en el ejemplo 3, ya que la proposición empieza con una oración subordinada circunstancial condicional, como vimos en el capítulo 11, dentro de la sección «Ya no hay discrecionalidad, caso 2 [...]».

Si comparáramos el francés de Quebec con el de El Hexágono,
podría parecer arcaizante. *Pero*:
Podría parecer arcaizante el francés de Quebec si lo comparáramos con el de
El Hexágono.

## Los dos puntos 1: tras el saludo en una carta

En castellano, usamos los dos puntos [ : ] al inicio de una carta, ya sea formal, de negocios, personal, íntima o pública. No importa que haya sido redactada en papel con lápiz o tinta, a máquina, en computadora o enviada electrónica o digitalmente.

Algunas personas familiarizadas con la puntuación de la lengua inglesa se confunden porque en ese idioma suele usarse la coma tras el saludo en la correspondencia familiar, y dos puntos, solo en la formal u oficial. En español únicamente usaríamos la coma después de un saludo de esta clase si se tratara de un vocativo. Esto ocurre principalmente en correos electrónicos informales que emplean el vocativo[8] en lugar del saludo formal: «Esteban, no sé por qué me envías estas gráficas ahora si te las pedí hace dos semanas en el correo que te envié al respecto» o «Leticia, ojalá que puedas reunirte con nosotros este próximo jueves en el Salón Corona».

De otra manera, tras un saludo, siempre deben ir los dos puntos, y el inicio de la carta, memorando o correo electrónico iría dos renglones más abajo, con sangría, como en estos ejemplos un tanto chuscos:

Querida tía:

Espero que esta carta no la sorprenda en un momento comprometedor. Ya sé que el señor González se mete a su casa a la menor provocación, y considero que, aun cuando a usted le simpatiza este sujeto, debe recordar que es usted hermana de mi santa madre, y que este sujeto González está casado actualmente con ella. Aunque él no es mi padre, ¡a Dios gracias!, creo que no está bien que [...].

Su excelencia, señor presidente Sarkozy:

Como usted seguramente se ha dado cuenta, su país se encuentra a poca distancia del mío, España. De hecho, Francia está al norte de nosotros, al otro lado de los Pirineos. El motivo de esta comunicación se reduce a proponerle que nuestros países consideren la posibilidad de mover estas montañas un poco hacia el mar, que se ubica al occidente. Digamos que podrían ser unos 50 o 60 kilómetros, pues hay que tomar en cuenta el que pesan mucho. Pero haciendo este pequeño esfuerzo en conjunto, ambos países tendrían más espacio para desarrollos turísticos y ganaderos [...].

Estimado doctor Cepeda:

No me funcionó el trasplante de hígado que usted tan amablemente me realizó. Dígame adónde puedo dirigirme para formalizar mi queja. Ojalá que

8 Véase «La coma del vocativo» en el capítulo 10.

sea rápido porque no me siento nada bien y me encuentro de un humor de los mil demonios, todo debido a este hígado trasplantado que ha cambiado cien por ciento mi carácter [...].

Respetabilísimo diputado Hong:

Si voté por usted, fue un error. Tómelo en cuenta. Solo lamento que en este país no hay relección, porque si la hubiera, no volvería a equivocarme así [...].

A quien corresponda:

Los ejemplos incluidos en esta sección de la *Guía esencial para aprender a redactar* son poco serios. Sugiero que en la siguiente edición se empleen modelos como en todos los demás libros de redacción, a fin de que la gente sin imaginación, como yo, pueda copiarlos y simplemente cambiar los nombres, lugares y situaciones [...].

## Los dos puntos 2: antes de una serie o enumeración, siempre y cuando la oración anterior sea gramaticalmente completa

Uno de los errores más comunes en relación con los dos puntos tiene que ver con su presencia antes de una serie o enumeración. No siempre es correcto usarlos para este fin. Es más: solo pueden emplearse si la oración anterior es gramaticalmente completa. ¿Qué significa esto? Es sencillo: la enumeración puede ser el sujeto, un atributo del sujeto o cualquiera de los complementos de una oración. Si es así, esta enumeración *forma parte gramatical* de la oración y no puede ser separada de ella por dos puntos. Veamos estos dos ejemplos que provienen del periodismo mexicano:

Hasta el momento, tres de los capturados siguen en poder del comando. Ellos son: Landel Monzón —vinculado al capo Joaquín *el Chapo* Guzmán—, Juan Héctor Maldonado Flores y su hijo Juan Héctor Maldonado Treviño. (*Milenio Diario*)

Esos lugares son: Reynosa y la Playa Bagdad en Matamoros, Tamaulipas. (*Milenio Diario*)

En el primer ejemplo, lo que sigue de los dos puntos mal empleados es el predicado nominal del sujeto *Ellos*. (Véase la discusión de las oraciones de predicado nominal en este mismo capítulo, dentro de la sección «Punto y coma 2: Elipsis»). Este predicado nominal consiste en los nombres de tres personas y *completa* la idea gramatical: «Ellos son *Landel Monzón, Juan Héctor Maldonado Flores y su hijo Juan Héctor Maldonado Treviño*». (Por claridad, hemos suprimido aquí la información incidental del ejemplo). Las palabras *Ellos son* solo podrían formar una oración gramaticalmente completa si tuvieran el sentido de *Ellos existen*, lo cual no es el caso. Como el predicado nominal completa la idea gramatical, no puede ser antecedido por los dos puntos.

El segundo caso es muy parecido. Como el predicado puede ser el sujeto y viceversa, no podemos separarlos con ningún signo de puntuación, y *menos* con los dos puntos:

Esos lugares son Reynosa y la Playa Bagdad en Matamoros. Reynosa y la Playa Bagdad en Matamoros son esos lugares.

Quitamos *Tamaulipas* para que no nos confunda la coma que requiere, pero claro que podría incluirse. Recordemos que se trata aquí de usar *dos* comas, no *una*, pues *Tamaulipas* es información parentética. La regla de la coma nos indica que no debe usarse *una* coma entre el sujeto y el predicado. En este caso, como hemos visto, son dos:

Reynosa y la Playa Bagdad en Matamoros, Tamaulipas, son esos lugares.

Como en el primer ejemplo *Tamaulipas* vendría al final, no separaría el sujeto del predicado, y no habría ningún problema:

Esos lugares son Reynosa y la Playa Bagdad en Matamoros, Tamaulipas.

La serie podría ser el complemento directo o indirecto, como en estos ejemplos mal puntuados:

Los arquitectos contemporáneos buscan: belleza, armonía de elementos, funcionalidad y asequibilidad. (La enumeración funge como el complemento directo)

El Consejo Regional dio su voto de confianza a: la juventud trabajadora, las amas de casa, los discapacitados y los que aún no han nacido. (La enumeración funge como el complemento indirecto)

En ambos casos solo hay que eliminar los dos puntos para que las oraciones queden bien, pues los complementos forman parte de la idea gramatical:

Los arquitectos contemporáneos buscan belleza, armonía de elementos, funcionalidad y asequibilidad.

El Consejo Regional dio su voto de confianza a la juventud trabajadora, las amas de casa, los discapacitados y los que aún no han nacido.

Lo mismo podemos afirmar de los complementos circunstanciales en serie:

La prosperidad está: a la vuelta de la esquina, en boca de todos, latente como una tormenta de verano.

Nadie quiere dejar la economía: en manos de ineptos, sin un timonel fidedigno, a cargo de meros... economistas.

Otra vez: es necesario eliminar estos dos puntos.[9]

La prosperidad está a la vuelta de la esquina, en boca de todos, latente como una tormenta de verano.

Nadie quiere dejar la economía en manos de ineptos, sin un timonel fidedigno, a cargo de meros... economistas.

Cuando la enumeración sirve como *refuerzo*, *ejemplificación* o *explicación* de lo que viene en la oración gramaticalmente completa antes de los dos puntos, estos se habrán empleado correctamente, como veremos en los siguientes ejemplos:

---

9 Este uso de los dos puntos corresponde a cualquiera de los dos últimos usos que veremos más adelante, pues «Otra vez» es una frase hecha y, al mismo tiempo, introduce una conclusión.

# El punto y coma y los dos puntos

El enigma de sor Juana Inés de la Cruz *es muchos enigmas*: los de la vida y los de la obra.[10]

El internet[11] *es una caja de pandora para gobiernos dictatoriales*: conecta a los dispersos, da poder a quienes no lo tienen, informa a los que no sabían nada, educa a los ignorantes.

Los candidatos a la beca deben *cumplir con estos requisitos*: llenar la solicitud adjunta, incluir un comprobante de domicilio, engrapar una fotografía reciente y firmar una carta de intención.

La alcaldesa pidió *varias concesiones al gobierno regional*: una veda a la pesca en los ríos más afectados, un plan de choque para poner un alto a la contaminación, y la prohibición terminante de extraer minerales de las colinas circunvecinas a todas las vías fluviales.

Con frecuencia vemos que se emplea la frase *como son* seguida de dos puntos. Por ejemplo: «En este libro veremos cómo deben usarse los signos de puntuación, como son: el punto, la coma, el punto y coma y los dos puntos». ¡Evite este giro burocrático e inútil! Vea cómo mejora la redacción al eliminarlo:

En este libro veremos cómo deben usarse los signos de puntuación: el punto, la coma, el punto y coma y los dos puntos.

¿Verdad que no se pierde absolutamente nada? Al contrario: se gana en claridad.[12]

---

10 Octavio Paz, *op. cit.*, p. 19.
11 Algunos consideran que *internet* es femenino y que debe ir con mayúscula: *la Internet*. Afirman esto porque *net* es *red* en español, y *red* es femenino. Pero no hay por qué hacer valer el género castellano en una palabra de origen inglés. Yo, y otros muchos, usamos una *i* minúscula porque consideramos que el internet se ha convertido en un fenómeno genérico, igual que el teléfono. Ya no alude a aquella red original de las Fuerzas Armadas de Estados Unidos y unas cuantas universidades que compartían sus investigaciones. Además, en la 23ª edición del DRAE, esta voz aparece como «nombre ambiguo». En otras palabras, puede ser masculino o femenino.
12 Ejemplo del uso 5 de los dos puntos, como se verá más adelante.

## *Los dos puntos 3: antes de una cita textual*

Cuando citamos textualmente —palabra por palabra— una fuente documental o las palabras dichas por una persona en entrevista, conferencia de prensa, o pronunciadas por alguien en una situación noticiosa, debemos usar los dos puntos antes de la cita. Además, debemos entrecomillar esa cita. La primera palabra de lo citado debe ir con mayúscula, pues con ella empieza la proposición que es la cita misma.[13] Estas se llaman citas *directas* o *formales*:

> El gobernador lo planteó sin rodeos: «La situación económica es insostenible».
> Estas fueron las últimas palabras del dictador antes de ser fusilado: «¡Viva la libertad!».
> Lo dijo Cervantes impecablemente: «Peor es meneallo».[14]

## *Los dos puntos 4: para sugerir una consecuencia, anunciar una conclusión o para dar una explicación*

Este uso de los dos puntos es, tal vez, el más importante cuando se escribe en prosa. Después de todo, los dos puntos del saludo al principio de una epístola son de uso limitado. Y los dos puntos bien empleados antes de una lista o serie, también. Pero este uso 4, junto con el 5 (que es parecido pero con una diferencia importante, como veremos en la próxima sección), abre muchas posibilidades.

En general, los signos de puntuación no insinúan sentido propio alguno; orientan al lector para que entienda correctamente lo que el autor quiso comunicar. ¡Y esto no es poco! Sin embargo, vimos que con el punto y coma se trasmite *algo* de sentido propio cuando se coloca este signo entre dos oraciones

---

13 En todos los demás usos de los dos puntos en la redacción, salvo después del saludo en una carta, debemos emplear una letra minúscula, tal como hemos venido viendo en nuestros ejemplos. Aquí ni siquiera hemos mencionado el uso de los dos puntos antes de listas que aparecen en carteles o anuncios públicos, puesto que no se trata de casos de redacción propiamente dicha: una lista pegada en la pared no es prosa y da lo mismo si después de los dos puntos se utiliza mayúscula o minúscula. Aquí nos limitamos a los casos empleados en la buena prosa, la buena *redacción*.

14 *Menearlo*: revolverlo. En otras palabras, es mejor dejar algunas cosas como están, porque al moverlas, revolverlas, *menearlas*, podrían apestar el ambiente, como ocurre con las heces fecales que uno pudiera encontrar en el camino.

gramaticalmente independientes. Le dice al lector que la segunda oración posee una liga muy estrecha con la primera. Pero no pasa de ahí.

Con los dos puntos que empleamos según la norma del uso 4, comunicamos mucho más: establecemos nada menos que una relación de causa y efecto. Usualmente, para dar a entender esta clase de relación, utilizamos los conectores consabidos: *porque, a consecuencia de que, ya que, para que, pues, debido a que, por lo cual*; *si* [tal condición], [entonces] *tal resultado*, etcétera. En pocas palabras, la relación que deseamos establecer es *causal*. Con los dos puntos, puede ir primero la causa y después el efecto, o al revés, según la intención del autor o el énfasis que desea imprimir a la proposición.

La ventaja de utilizar oraciones subordinadas tras estos conectores estriba en su gran claridad: el lector no puede perderse porque el redactor lo lleva de la mano.[15] Pero el sentido es plano. ¡Eso, en sí, no es malo! Al contrario: hace que la redacción sea perfectamente comprensible.[16] Hay, no obstante, algo que podemos hacer para crear un impacto mayor en el lector sin que, por ello, se pierda claridad. Este «mayor impacto» se logra al permitir que sea el lector quien establezca la relación adecuada entre las dos oraciones. Lo hará por instinto, por lógica o por sentido común. Pero algo sucede cuando es el *lector* quien aporta sentido a partir de una pista, la cual son los dos puntos: así, participa —aunque mínimamente— en la reconstrucción de la idea del autor. Esto otorga a los dos puntos una gran potencia que no debemos sobrexplotar, a riesgo de que la pierdan, lo mismo que su sentido y, por consecuencia, su efectividad. Por eso, hay que aprovechar estos dos puntos *con moderación*, de vez en cuando. En otras palabras: no hay que engolosinarse...[17]

Veamos estos ejemplos que emplean el uso 4 de los dos puntos. Los cinco provienen de *Sor Juana Inés de la Cruz o Las trampas de la fe*, como homenaje a Octavio Paz, quien aprovechó magistralmente este uso de los dos puntos a lo largo de toda su obra ensayística.

1. El romance entero me desconcierta: hay fragmentos acentuadamente teológicos, otros que se ajustan al patrón de los versos de amor «a lo divino» y otros en que el acento y las expresiones parecen de un poema de amor profano.[18]

---

15 La oración que viene después de los dos puntos es un ejemplo de este uso 4.
16 Adelantamos que los dos puntos aquí corresponden al uso 5.
17 *Idem*.
18 Octavio Paz, *Sor Juana Inés de la Cruz o Las trampas de la fe*. Ciudad de México, Fondo de Cultura Económica, 1994. 2ª ed. © 1991. p. 143.

2. Es extraño: a Vossler le pareció que este romance era «casi prosaico e irónico».[19]

3. No era fácil profesar: la limpieza del linaje era requisito no menos riguroso que la dote y los crecidos gastos de la ceremonia de la toma del velo.[20]

4. Al verse, ve en su interior, grabada en su pecho, la imagen de su dama: el amor es fantasmal.[21]

5. En esto Aguiar y Seijas era más cuerdo: prefería no exponerse a la tentación.[22]

¿Cuáles, pues, son las relaciones que Paz insinúa con los dos puntos? En el número 1, el desconcierto del autor se debe a la variedad de expresiones amorosas contenidas en el romance. Es como si hubiera escrito «El romance entero me desconcierta *porque* hay fragmentos acentuadamente teológicos, otros que se ajustan al patrón de los versos de amor "a lo divino" y otros en que el acento y las expresiones parecen de un poema de amor profano». En otras palabras, lo que viene después de los dos puntos *explica* el *porqué* de la primera oración. Lo primero es efecto; lo segundo, causa.

En el número 2 «Es extraño» es la conclusión a la cual llega Paz tras leer el veredicto de Vossler. La opinión de este *causa* extrañeza en el autor de *Sor Juana Inés de la Cruz o Las trampas de la fe*. En el 3, la dificultad de convertirse en monja era causada por las exigencias económicas (dote y gastos ceremoniales) y de sangre (limpieza del linaje). Aquí también va primero el efecto y, después, la causa. Pudo haberlo escrito al revés, pero habría surtido otro efecto con otro énfasis: «La limpieza del linaje era requisito no menos riguroso que la dote y los crecidos gastos de la ceremonia de la toma del velo: no era fácil profesar». Esta redacción hipotética sigue una relación causal más convencional; probablemente por eso Paz no la usó.

---

19 *Loc. cit*. El alemán Karl Vossler (1872-1949) fue uno de los grandes estudiosos de sor Juana en el siglo XX.

20 *Ibid*., p. 160. El verbo *profesar*, empleado intransitivamente, significa «en una orden religiosa, obligarse a cumplir los votos propios de su instituto». (*Diccionario de la lengua española*).

21 *Ibid*., p. 280.

22 *Ibid*., p. 530. Francisco de Aguiar y Seijas, español (1632-1698), fue obispo del ahora estado de Michoacán y arzobispo de la Nueva España. Tuvo una relación conflictiva con sor Juana Inés de la Cruz.

En el número 4 es fácil reconocer que lo que viene después de los dos puntos es, simple y llanamente, una conclusión. Y en el último ejemplo, el 5, Octavio Paz *explica* la cordura de Aguiar y Seijas al señalar su preferencia por no exponerse a la tentación.

## Los dos puntos 5: después de ciertos giros y frases hechas para anunciar una conclusión, juicio o sentencia

Este uso de los dos puntos se parece al anterior, pero aquí no es necesario que se redacte una oración completa antes de los dos puntos. Puede ser cualquier giro o frase hecha que nos prepare, como lectores, para recibir una conclusión, explicación o consecuencia. Yo mismo adelanté ejemplos de este uso dentro del apartado anterior:

Al contrario: hace que la redacción sea perfectamente comprensible.

En otras palabras: no hay que engolosinarse...

Paz mismo recurre con frecuencia a este uso de los dos puntos:

De nuevo: percibo en sor Juana una ambigüedad en su relación con algunas amigas pero estas inclinaciones, tal como fueron expresadas en sus poemas, no son sinónimos de lesbianismo sino de sentimientos más complejos.[23]

Otro freno: los virreyes no podían llevar a sus hijos, hijas, yernos y nueras a Nueva España.[24]

Un detalle curioso: la mayoría de las celdas tenían una tina y unos braseros para calentar el agua del baño, prueba de que las monjas lavaban sus cuerpos con el mismo celo con que sus criadas fregaban los pisos y pulían los objetos rituales.[25]

---

23 *Ibid.*, p. 140.
24 *Ibid.*, p. 45.
25 *Ibid.*, p. 171.

Octavio Paz es creativo en estos ejemplos, como debemos serlo nosotros en nuestra escritura. Desde luego que ha *elidido* el verbo que se sobrentiende en la frase que aparece antes de los dos puntos. En el primer caso: «[Hay que decirlo] de nuevo». En el segundo: «[Había] otro freno». El tercero: «[Existe] un detalle curioso». Pero el hecho es que, antes de los dos puntos, en estos ejemplos hay solamente una frase, sin el verbo que se sobrentiende.

Hay ciertos giros comunes, y no tan comunes, que también utilizan verbo pero cuyo sentido se completa con lo que viene después de los dos puntos. Esto solo es posible porque el uso 5 lo permite para anunciar juicios, conclusiones o sentencias:

Es más: los países desarrollados se obligaron a reducir en 80% sus emisiones de dióxido de carbono.

Es decir: no tenemos alternativa.

No faltaba más: deme usted la carta y la firmaré con gusto.

Y, desde luego, hay otras fórmulas comunes que no requieren verbo:

Y al revés: la democracia sirve para proteger los intereses de la minoría.

De acuerdo: respetaremos los protocolos del Tratado de Tlatelolco.

Mejor imposible: cada obrero recibirá un aguinaldo equivalente de mes y medio de sueldo.

Para decirlo de otro modo: las naciones colonialistas de Europa crearon el racismo como mecanismo de dominio, aun dentro de África misma.

Para pronto: no habrá agua suficiente para tantos miles de millones de seres humanos.

# En resumen: el punto y coma y los dos puntos

Aunque el punto y la coma son los signos básicos que debemos dominar para que nuestra redacción sea clara, precisa y comprensible, el punto y coma y los dos puntos nos ofrecen muchas otras posibilidades, otras maneras de matizar aún más nuestras ideas y señalar —con sutileza— las relaciones que existen entre ellas. Pero al ser sutil la insinuación del autor, es el lector quien completa el sentido de lo insinuado, con lo cual el texto aumenta su potencia: no es lo mismo simplemente descifrar y comprender lo descifrado (lectura) que *invertir* en un texto, ponerle algo de nuestra parte para que su sentido se revele con plenitud. Esto es lo que hace, modesta aunque potentemente, el punto y coma entre dos oraciones independientes y, de manera todavía más explícita, los dos puntos que establecen una relación causal entre las oraciones que vienen antes y después.

Y no olvidemos que las comas abundan en la escritura. Frecuentemente sus usos *se enciman*. Una serie puede mezclarse con información incidental, con vocativos, con inversiones sintácticas, con elipsis... Por eso también es tan útil el punto y coma: jerarquiza las ideas, la información; no permite que nos confundamos. Los que argumentan que los días del punto y coma han terminado, están muy equivocados: bastaría con que leyeran a cualquiera de los grandes maestros de la prosa contemporánea en castellano para desengañarse. Quienes han dominado estos cuatro signos, estos *caballitos de batalla*, llevan ya 90% de la batalla ganada, por lo menos en lo que a la redacción respecta. Además, para dominarlos tuvieron que comprender las sutilezas sintácticas que estudiamos anteriormente, y esto fue un paso fundamental. El resto de este libro pretende cubrir el otro 10 por ciento.

Como dijimos al principio, los temas de la ortografía (la acentuación y el correcto deletreo de las palabras) deben verse aparte, porque allí se trata de asimilar reglas que se aplican a palabras específicas, y —en general— las palabras siempre se escriben de la misma manera, a menos que cambien de sentido, y aun así no siempre cambian su ortografía. Ejemplo: *te* se escribe sin tilde cuando es pronombre, y con tilde cuando es una infusión líquida, como cuando tomamos *té*. Pero el guion que usamos entre dos palabras (el conflicto israelí-palestino) se escribe igual que el guion que se usa para filmar una película. (La nueva norma elimina la tilde que antes era obligatoria en ambos casos: *guión*).

La ortografía es, desde luego, esencial, el *sine qua non* de la escritura. Se da por sentado que cualquier persona seria ha dominado, o que está por dominar, la ortografía. Para los que se encuentran en este proceso, he preparado el libro *Ortografía sin dolor*. Y tampoco quisiera minimizar la importancia de resolver los casi infinitos problemas de *corrección* y *estilo*, pero no bastarían ni cinco vidas enteras para ver y estudiarlos todos, y yo apenas llevo 30 años en estos menesteres. Aun así, he querido hacer algo al respecto, y por ello preparé la *Guía esencial para resolver dudas de uso y estilo*.[26]

---

26 Ambos libros son de próxima aparición en esta editorial.

# Capítulo 13

## Los demás signos de puntuación

Amén del punto [ . ], la coma [ , ], el punto y coma [ ; ] y los dos puntos [ : ], los cuales son los signos de puntuación que más empleamos, hay otros que no suelen causar tantos problemas pero que, de igual manera, merecen un buen examen. Se trata de los puntos suspensivos [ ... ], los signos de interrogación [ ¿? ], los signos de exclamación [ ¡! ], la raya (o guion largo) [ — ], los paréntesis ( ), los corchetes [ ] y el guion corto [ - ].

## Los puntos suspensivos

Los puntos suspensivos siempre son *tres*. No son dos ni cuatro. Mucho menos son 10 o 15. Pueden escribirse de tres maneras. Usted puede escribir, con su teclado, un punto, y luego otros dos: [ ... ]. Si emplea el procesador de palabras Word, de Microsoft, esto se expandirá automáticamente a esto: [ ... ]. Pero puede llegar directo a este resultado si oprime simultáneamente las teclas de Control y Alt (izquierda) mientras oprime la tecla de punto [ . ]. Recomendamos que se emplee este signo [ ... ], en lugar de los tres puntos [ ... ], porque el procesador no comprende los tres puntos sencillos —escritos al hilo— como un solo carácter sino como tres, y podría separarlos entre el final de un renglón y el comienzo del siguiente. Esto es importante si sus escritos serán publicados, y con un poco de disciplina y suerte, lo serán.

Los puntos suspensivos tienen cuatro usos:

1. Para indicar que una serie podría continuar.
2. Cuando se deja una frase célebre incompleta, cuando una oración es interrumpida o cuando se cita solo parte del título de alguna obra.
3. Cuando se cita solo la primera parte de una oración que se entiende que debiera ser bipartita.
4. Para indicar ironía, sorpresa o dramatismo.

## *Primer uso de los puntos suspensivos: para indicar que una serie podría continuar*

Cuando escribimos una serie empleamos comas para separar sus elementos. Pero no siempre incluimos *todos* los elementos. Si nos parece que el lector entenderá nuestro mensaje con apenas tres o cuatro elementos, si pensamos que podrá *llenar los espacios en blanco* a partir de lo que ya hemos escrito, bastará con poner los puntos suspensivos después del último elemento escrito. Aquí, los puntos suspensivos indican *elipsis*, que algo se ha suprimido. Algunos ejemplos:

En esa tienda podríamos comprar zapatos de Prada, Gucci, Dolce & Gabbana...
Creo que podríamos conocernos, enamorarnos, tener hijos...
En nuestra casa todos tienden sus camas, levantan su tiradero, limpian después de cocinar...
Los maestros piden archiveros tamaño oficio, engrapadoras de alta potencia, máquinas engargoladoras...

## *Segundo uso de los puntos suspensivos: cuando se deja una frase célebre incompleta, cuando una oración es interrumpida o cuando se cita solo parte del título de alguna obra*

Casi todo el mundo emplea frases célebres de vez en cuando. En ocasiones resultan más efectivas si permitimos que el lector las complete. Para esto, por supuesto, debe tratarse de una frase *realmente* célebre. De otra manera, el *truco* de la elipsis no funcionará.

### Frases célebres
Quien a buen árbol se arrima...
Camarón que se duerme...
Quien nació para maceta...
Candil de la calle...
Ni tanto que queme al santo...

## Cuando se interrumpe una oración
## (en general, cuando se trata de diálogos en
## la narrativa o en la dramaturgia)
—Tal vez no sepas quién está al tanto de tus...

—¡No quiero que me toques! —lo increpó repentinamente—. No quiero que me beses.

—El fascismo es una ideología que francamente me... Digámoslo así: el individuo debe mantener íntegro su valor como tal para que la sociedad en su conjunto también sea valiosa.

## Cuando solo se citan las primeras palabras de una obra
En *El ingenioso hidalgo*..., Cervantes ensaya muchas técnicas narrativas que en el siglo xx se volverían comunes.

*Mujeres al borde...* es una de las obras emblemáticas del cineasta español Pedro Almodóvar.

El director argentino Eliseo Subiela, aunque mundialmente conocido por *Hombre mirando*..., tiene muchos otros títulos en su haber.

Según *Wikipedia, El obsceno pájaro*..., la obra más críticamente aclamada del chileno José Donoso, «explora [entre otras cosas] la naturaleza cíclica de la vida y la muerte».

*Tercer uso de los puntos suspensivos: cuando
se cita solo la primera parte de una proposición
que se entiende que debiera ser bipartita*

Hay proposiciones que por naturaleza constan de dos oraciones. Las condicionales, por ejemplo, son así:

Si me ofreciera todo el dinero del mundo, no aceptaría su oferta.
Si realmente pudiera convencerla, no cejaría en mis afanes.

Si por alguna razón de estilo se quisiera suprimir la segunda oración, podrían ponerse en su lugar los puntos suspensivos para dar a entender que el lector debe completar la idea:

Aunque me ofreciera todo el dinero del mundo...
Si realmente pudiera convencerla...
Si tan solo pudiera salir vivo de esta batalla...
No me importa si se larga con otro...

También son así las oraciones que se construyen con un verbo seguido de la palabra «tan» o «tanto». Se llaman *consecutivas*:

¡Lo vi tan joven que casi me desmayo!
Me hizo tanto daño que jamás podré volver con él.
Ella tenía tanto dinero que me sentí invisible.
¡Has crecido tanto que apenas si te reconozco!
Los Beatles fueron tan famosos en los 60 y 70 que opacaron a casi todos los demás grupos de música popular.

Si en una proposición de esta clase se quiere suprimir la segunda oración por razones estilísticas, para ello se puede recurrir a los puntos suspensivos, sobre todo si se plantea como una exclamación (pero esto no es absolutamente necesario). Otra vez, el redactor supone que el lector completará el sentido de lo que se ha dejado fuera:

¡Lo vi tan joven...! / Lo vi tan joven...
¡Me hizo tanto daño...! / Me hizo tanto daño...
¡Ella tenía tanto dinero...! / Ella tenía tanto dinero...
¡Has crecido tanto...! / Has crecido tanto...
¡Los Beatles fueron tan famosos en los 60 y 70...! / Los Beatles fueron tan famosos en los 60 y 70...

## Cuarto uso de los puntos suspensivos: para indicar ironía, sorpresa o dramatismo

Puede recurrirse a los puntos suspensivos dentro de una oración para indicar que habrá un giro irónico, de sorpresa o dramatismo. De hecho, aquí el signo indica la breve pausa que antecede a alguna de estas condiciones, bajo el entendido de que la pausa prepara y aumenta el efecto producido por las palabras. Por ejemplo:

Me juró que me daría todo el dinero que me hiciera falta para el viaje, y no sabes lo que sentí cuando me escribió un cheque por... 15 dólares.

Bajó del escenario furiosa, tiró una silla, pateó una cubeta que alguien había dejado ahí, se nos acercó y... empezó a llorar como un bebé.

Todo lo que escribe es perfecto: nunca falta una coma, las ideas están magistralmente desarrolladas, sus oraciones están construidas con un sentido de buen gusto y armonía tan abrumador... que me da una infinita pereza leerlo.

# Los signos de interrogación y exclamación

En castellano, debemos abrir y cerrar nuestras preguntas y exclamaciones. En otras palabras, debemos empezar una interrogación con un signo de abrir [ ¿ ], y terminar con un signo de cerrar [ ? ]. Lo mismo podemos afirmar cuando se trata de una exclamación: [ ¡! ]. Esto solo ocurre en español. No significa, sin embargo, que nuestro idioma sea anticuado —como piensan algunos— o, peor: defectuoso. Eso sí: es único. Y por ningún motivo debemos imitar a los demás idiomas, suprimiendo nuestros signos de apertura. No es cuestión de orgullo o purismo. Es, simple y sencillamente, una cuestión de *estructura*.

## Los signos de interrogación

La sintaxis castellana, como hemos visto repetidamente a lo largo de esta guía, es en extremo flexible, a diferencia del inglés, francés, alemán... Nosotros no dependemos de cierto orden fijo de palabras, o ciertas palabras clave, para indicar que estamos haciendo una pregunta. En inglés se usa —por ejemplo— una forma del verbo *do*:[1]

---

1 El inglés, como el francés, también recurre a la inversión del orden del sujeto y el verbo para indicar la presencia de una interrogación. Para dar a entender una afirmación, va primero el sujeto y luego el verbo. Para preguntar, funciona al revés. Afirmación: *You are my friend*. Interrogación: *Are you my friend?* En español, la sintaxis no indicaría esto: *Tú eres mi amigo*. O: *Eres tú mi amigo*. Cualquiera de las dos opciones podría ser interrogativa

*Do you speak English?*

La presencia de la palabra *Do*, en posición inicial, nos indica que se trata de una pregunta. En francés, ocurre algo parecido:

*Parle-vous français ?*

Al anteponer el verbo al pronombre y, por escrito, incluir un guion entre ambos, señalamos claramente que estamos haciendo una pregunta. El francés también tiene un truco para hacer preguntas:

*Est-ce que vous parlez français ?*
*Est-ce que tu as un livre d'espagnol ?*

En español diríamos que se trata de un caso de *esqueísmo*: «**¿Es que** usted habla francés?». «**¿Es que** tú tienes un libro de español?». Si habláramos —o escribiéramos— así, incurriríamos en este vicio llamado *esqueísmo* porque en nuestro idioma el *es que* resulta superfluo —la mayoría de las veces, mas no siempre—, pues diríamos o escribiríamos lo mismo con «¿Habla usted francés?» o «¿Usted habla francés?». No *requerimos* la fórmula *es que*, la cual en francés (*estce que*) sí desempeña, por lo menos en este caso, la función de señalar que se trata de una pregunta. Nosotros usamos el signo de interrogación de abrir: [ ¿ ]. ¡Asunto resuelto!

En español, podemos decir o escribir «Usted habla español» indistinta-mente como afirmación o interrogación. Y, como acabamos de ver, no importa la sintaxis:

Usted habla español.
Habla usted español.
Español habla usted.
¿Usted habla español?
¿Habla usted español?
¿Español habla usted?

Ya que nuestra sintaxis es tan flexible, por sí misma no nos señala si se trata de una afirmación o interrogación. Una vez más: de ahí viene la clarísima

---

si la encerráramos entre signos de abrir y cerrar. Tanto *no* importa la posición del sujeto, que podría ser tácito, podría *no* estar: «Eres mi amigo». O: «¿Eres mi amigo?».

necesidad de emplear el signo de abrir, amén del de cerrar. Otros idiomas no requieren el signo de abrir porque poseen *otros* métodos para indicar que se trata de una pregunta. Nosotros, orgullosamente, tenemos este: [ ¿ ].

Para concluir, es preciso señalar que las interrogaciones no empiezan de modo obligatorio al principio de la proposición, aunque esto sea lo más común. Pueden iniciarse en cualquier momento. Por eso también es tan útil el signo de abrir: nos marca el momento *exacto* en que la pregunta comienza, y dónde termina:

Martín, ¿en qué estás pensando?
Ay, Juan, ¿tú crees que esto terminará bien?
«¿No tengo talento?», me preguntó cabizbajo.

También es posible seriar preguntas entre un solo par de signos de interrogación:

¿Nada sabes, nada quieres, nada puedes?

Pero si uno quisiera, podría plantear esto mismo en tres preguntas por separado:

¿Nada sabes? ¿Nada quieres? ¿Nada puedes?

Uno de los casos de interrogaciones que con más frecuencia se redactan mal es el que empieza con la palabra «Qué» para, después de una pausa, seguir con una pregunta específica. Hay tres maneras de escribir esto para que se entienda bien:

¿Qué? ¿No quieres acompañarnos al cine?
¿Qué, no quieres acompañarnos al cine?
¿Que no quieres acompañamos al cine?
O (con *esqueísmo*):
¿Es que no quieres acompañarnos al cine?

*No* debiera escribirse precisamente lo que muchas veces *sí* se escribe: ¿Qué *no quieres acompañamos al cine?* No debe redactarse así porque el «¿qué...» acentuado sin ninguna puntuación posterior, pregunta algo específico sobre aquello que lo sigue de inmediato, por ejemplo:

¿Qué me dices?
¿Qué película quieres ver?
¿Qué libro te gusta más?

En estos ejemplos, pregunté *qué* me decías, *qué* película querías ver y *qué* libro te gustaba más. Se trata, pues, de preguntas simples que empiezan con la palabra «qué», un pronombre interrogativo. Sin embargo, ningún sentido tiene preguntar *qué no quieres acompañarnos...*, porque en realidad se trata de dos preguntas. Primero el interrogante solo, «qué» —el cual indica sorpresa o consternación—, y luego la segunda pregunta, «¿no quieres acompañarnos?». Por esta razón, hay que elegir entre alguna de las tres posibilidades mencionadas arriba.

Veamos otro ejemplo ilustrativo. La situación es de celos. Nuestra novia salió con otro, y preguntamos con quién salió. Ella calla. Preguntamos:

¿Qué, no quieres decirme?
¿Qué? ¿No quieres decirme?
¿Que no quieres decirme? (Esto es el equivalente de «¿Es que no quieres decirme?», solo que con *esqueísmo.*
Por eso «¿Que...», una conjunción aquí, no tiene tilde sobre la «e»).

Si lo escribimos mal, como solemos verlo, «¿Qué no quieres decirme?», estaríamos lejos de preguntar si ella no quiere divulgar el nombre de la persona con quién salió, porque en realidad estaríamos preguntando qué es aquello que no quiere decirnos. Aunque esta también puede entenderse como una pregunta clave, no es la que deseábamos formular.

## *Preguntas indirectas*

Las preguntas indirectas *no* deben llevar signos de interrogación, aunque muchas personas las meten inopinadamente. Se llaman *indirectas* porque nadie formula una pregunta expresa pero la interrogación está presente de manera implícita.

### Interrogaciones directas:
¿Qué hora es?
¿De dónde viene el citatorio?
¿Cómo llegó esa señora hasta aquí?

¿Quién te pidió tu opinión?
¿Para cuándo piensan programar el festival?

## Interrogaciones indirectas:

Nadie sabe qué hora es.
El contador está enterado de dónde viene el citatorio.
Solo el vigilante puede aclarar cómo llegó esa señora hasta aquí.
No sé quién pidió tu opinión.
Nadie sabe para cuándo piensan programar el festival.

## Ejemplos de las interrogaciones indirectas mal puntuadas: (¡No hay que imitarlos!)

Nadie sabe ¿qué hora es?
El contador ¿está enterado de dónde viene el citatorio?
Solo el vigilante puede aclarar ¿cómo llegó esa señora hasta aquí?
No sé ¿quién pidió tu opinión?
Nadie sabe ¿para cuándo piensan programar el festival?

Por supuesto, es posible convertir las interrogaciones indirectas, derivadas de las directas originales, en otras interrogaciones directas, pero su sentido sería radicalmente distinto, y deberían llevar sus signos respectivos:

## Interrogaciones directas derivadas de las indirectas:

¿Nadie sabe qué hora es?
¿El contador está enterado de dónde viene el citatorio?
¿Solo el vigilante puede aclarar cómo llegó esa señora hasta aquí?
¿No sé quién pidió tu opinión? (Es como si dijera: «¿Quieres decirme que *yo* no sé quién pidió tu opinión, cuando sí lo sé perfectamente?»).
¿Nadie sabe para cuándo piensan programar el festival?

## Los signos de exclamación

Ocurre algo parecido con los signos de exclamación (también llamados de *admiración*). Debemos indicar al lector dónde empieza y dónde termina la exclamación. El posicionamiento del signo de abrir puede variar, según entienda el redactor su propio mensaje. Asimismo, como veremos en los últimos dos ejemplos del siguiente grupo, entre un solo par de signos de exclamación pueden seriarse varias exclamaciones, o pueden plantearse separadamente:

¡Daría cualquier cosa con tal de que me escuchara!
Daría cualquier cosa, ¡con tal de que me escuchara!
¡Daría cualquier cosa!, con tal de que me escuchara.
¡Me dijo que vendría mañana!
Me dijo que vendría... ¡mañana!
¡Me dijo que vendría!... mañana.
¡Es imposible, es un insulto, no puede ser!
¡Es imposible! ¡Es un insulto! ¡No puede ser!

Por otra parte, consta en algunas gramáticas y libros de redacción la posibilidad de abrir con signo de interrogación y cerrar con signo de exclamación, o viceversa. El *Esbozo de una nueva gramática de la lengua española*, por ejemplo, publicado por la Comisión de Gramática de la Real Academia Española (RAE) en 1973, pone estas oraciones:

¡Que esté negado al hombre saber cuándo será la hora de su muerte?
¿Qué persecución es esta, Dios mío!

He revisado los apartados pertinentes de la *Nueva gramática de la lengua española*, publicada por primera vez hacia finales de 2009, pero no se menciona el fenómeno. De hecho, el libro no aborda los signos de puntuación como tema. En la *Ortografía de la lengua española*, sin embargo, sí se considera la posibilidad de emplear no solo un signo para abrir y otro para cerrar, sino que también acepta como válido el uso de dos y hasta tres signos de abrir e igual número para cerrar (p. 393). Incluso pone un ejemplo donde se mezclan antes y después del texto enmarcado por los signos: «¡Cómo! ¡¿Ya estás aquí?! ¿Y así, como si no hubieras hecho nada?» (GaMorales *Sur* [Esp. 1985]).

Para decir lo menos, el abrir con un signo y cerrar con otro favorece a una construcción que en ocasiones puede confundir más de lo que ilumina. El sentido del primer ejemplo no está nada claro. Como exclamación se entiende que el redactor no quiere que el hombre sepa cuándo será la hora de su muerte. Como pregunta, parece una propuesta hipotética, como si el hombre sí supiera la hora de su muerte. Pero, en verdad, ¡quién sabe qué quiere decir!

En cuanto al segundo ejemplo, sería más claro redactarlo en dos partes: «¿Qué persecución es esta? ¡Dios mío!». Para decirlo pronto, aunque se permite, se antoja afectado o por lo menos forzado abrir con un signo y cerrar con otro. Hay ocasiones, sin embargo, en que esta combinación puede quedar perfectamente bien. Sucede cuando hacemos una pregunta y deseamos hacer hincapié en que se formula de manera enfática:

¿Con esto quieres chantajearme!
¡Con esto quieres chantajearme?

Si planteásemos lo anterior como una pregunta o una exclamación tradicional, podría perderse uno u otro aspecto:

¿Con esto quieres chantajearme?
¡Con esto quieres chantajearme!

Por supuesto, sería posible dividir estos planteamientos en dos partes, dentro de una sola proposición o en dos:

¿Qué?, ¡con esto quieres chantajearme! (En una sola proposición)
¡Qué!, ¿con esto quieres chantajearme? (En una sola proposición)
¿Qué? ¡Con esto quieres chantajearme! (En dos proposiciones)
¡Qué! ¿Con esto quieres chantajearme? (En dos proposiciones)

No está de más señalar que un escritor experimentado encontrará la manera de que sus palabras no dependan excesivamente de trucos de puntuación como este para trasmitir al lector el sentido claro de sus ideas narrativas. Muy pocos escritores de calidad recurren a las fórmulas «¿...!» y «¡...?» en sus obras de ficción, a pesar de que las permite la Academia. Y poseen aún menos utilidad en los reportes de investigación, boletines e informes, o en ensayos literarios, humanísticos o científicos.

# La raya (guion largo), los paréntesis y los corchetes

Sabemos que se usa la coma [ , ] para aislar información parentética, incidental o explicativa. Si esta viene al principio de la proposición, la coma va después. Si viene al final, la coma va antes. Si viene en medio, colocamos una coma antes y otra después, como vimos en el capítulo 10:

## Con información parentética al inicio de la proposición:

*Nacido en San Petersburgo el 22 de enero de 1904,* el coreógrafo George Balanchine no simplemente ilustraba la música sino que la expresaba mediante la danza gracias a su dominio absoluto de las formas tradicionales.

## Con información parentética en medio de la proposición:

El coreógrafo George Balanchine, *nacido en San Petersburgo el 22 de enero de 1904*, no simplemente ilustraba la música sino que la expresaba mediante la danza gracias a su dominio absoluto de las formas tradicionales.

## Con información parentética al final de la proposición:

La danza moderna entiende al cuerpo humano de otra manera, *sobre todo en las coreografías de George Balanchine.*

De esto colegimos que la información incidental aislada con una o dos comas puede estar en cualquier parte de la oración. Pero si deseamos usar rayas (o *guiones largos*) para aislar información de esta naturaleza, recomendamos que solo venga *en medio* de la oración.[2]

El coreógrafo George Balanchine —*nacido en San Petersburgo el 22 de enero de 1904*— no simplemente ilustraba la música sino que la expresaba mediante la danza gracias a su dominio absoluto de las formas tradicionales.

No debemos caer en la tentación —propia de los francófilos y anglófilos— de usar una sola raya para aislar información parentética al final de la oración, como en este mal ejemplo:

La danza moderna entiende al cuerpo humano de otra manera —*sobre todo en las coreografías de George Balanchine.*

En español siempre usamos las rayas parentéticas *en pareja*; en otras palabras, siempre son dos. Técnicamente se recurre a una raya sola dentro de textos

---

2 Hay, ciertamente, diferentes criterios al respecto. Tanto el *Diccionario panhispánico de dudas* como la *Ortografía de la lengua española* y el *Manual de estilo de la lengua española (MELE 3)*, de José Martínez de Sousa,* permiten encerrar información parentética entre rayas al final de la proposición, exactamente como se usan los paréntesis. Pero por las razones que explico más adelante en esta sección, aconsejo que se restrinja dicho uso a los diálogos narrativos, como se verá a continuación.
*José Martínez de Sousa, *Manual de estilo de la lengua española (MELE 3)*, 3ª ed., Gijón, Ediciones Trea, 2007, (© 2000), p. 247.

narrativos donde se usa este signo para indicar que empieza a hablar un personaje. Y también se aprovechan, solas o en pareja, para aislar las acotaciones, que en sí son expresiones parentéticas. Un ejemplo:

—No me digas que vas a escribir un manual de redacción —comentó con sorna su novia mientras almorzaban ese domingo en la azotea de su casa—. ¡En tu vida has garabateado más de 10 cuartillas juntas! —y para volver más aguda su burla, levantó la página inicial que no tenía más de dos párrafos terminados, lo dobló en forma de avioncito y con un leve empujón permitió que la brisa se lo llevara lejos, hacia la calle primero, hacia una coladera después, y finalmente hacia el olvido, que siempre es definitivo.

*Nota*: fíjese en que en los contextos narrativos, no pueden emplearse rayas parentéticas como se emplean en la prosa convencional. Este párrafo termina con tres frases y una oración incidentales [a partir de «se lo llevara lejos»], todas separadas de lo anterior con sendas comas.

La primera raya indica que empieza a hablar un personaje. Las rayas dos y tres aíslan la primera acotación («comentó con sorna su novia»). La última raya aísla la segunda acotación (y no hace falta cerrarla porque el personaje no vuelve a hablar en este párrafo). Pero todo esto pertenece al reino de la narrativa, y como tal queda fuera del análisis de este libro.

Aquí hay tres ejemplos más, de la prosa *no* narrativa. Demuestran que el uso de las rayas al final de la proposición complica la redacción innecesariamente. Además, pueden confundir al lector.

### Con la coma, en vez de rayas, para aislar información parentética al final, como se aconseja en este libro:

Czerny no compuso el *Arte de la destreza en los dedos* por ocioso, aunque sus críticos hayan afirmado eso precisamente.

### Con puntuación a la inglesa o francesa:

[x] Czerny no compuso el *Arte de la destreza en los dedos* por ocioso —aunque sus críticos hayan afirmado eso precisamente.

### Con paréntesis:

Czerny no compuso el *Arte de la destreza en los dedos* por ocioso (aunque sus críticos hayan afirmado eso precisamente).

Y volviendo a la prosa convencional, *no* narrativa, las rayas no solo son *otra* manera de aislar información parentética en medio de una proposición. Hay otras razones para usar las rayas: cuando hay una proposición con muchas comas debido a una inversión sintáctica o una oración condicional, por ejemplo, es recomendable —si el sentido de la oración lo permite— usar las rayas para aislar una frase u oración parentética, sobre todo cuando hay más de una.

La proposición anterior es ilustrativa de ello. Tenemos «por ejemplo» y «si el sentido de la oración lo permite» como parentéticas, más la inversión sintáctica: «cuando hay una oración con muchas comas debido a una inversión sintáctica o una oración condicional». Si se escribiera con puras comas, no estaría mal hecho, pero la oración resultaría ligeramente más confusa:

Cuando hay una proposición con muchas comas debido a una inversión sintáctica o una oración condicional, por ejemplo, es recomendable, si el sentido de la oración lo permite, usar las rayas para aislar una frase u oración parentética, sobre todo cuando hay más de una.

Compárese esta opción con la manera en que aparece dentro del texto:

Cuando hay una proposición con muchas comas debido a una inversión sintáctica o una oración condicional, por ejemplo, es recomendable —si el sentido de la oración lo permite— usar las rayas para aislar una frase u oración parentética, sobre todo cuando hay más de una.

La razón por que las palabras «por ejemplo» se encierran entre comas, y las palabras «si el sentido de la oración lo permite», entre rayas, se debe a que «por ejemplo» interrumpe menos el flujo de la proposición. En casos como este, se escoge la parentética menos alejada del discurso para usar las comas. Es necesario aclarar, una vez más, que recomendamos usar las rayas solo con frases u oraciones que se encuentran *en medio* de una proposición, nunca al principio o al final, ni antes de punto y coma [ ; ].

Asimismo, resulta útil encerrar información parentética entre rayas si esta incluye —a su vez, puntualmente— alguna otra información incidental. Esta última proposición ilustra perfectamente lo que predica:

Asimismo, resulta útil encerrar información parentética entre rayas si esta incluye —a su vez, puntualmente— alguna otra información incidental.

Si nos fijamos bien, lo que va entre rayas son *dos* incisos: *a su vez* y *puntualmente*. Pudimos haber empleado una coma después de *incluye* y otra después de *puntualmente*, pero la idea no habría quedado tan clara:

> Asimismo, resulta útil encerrar información parentética entre rayas si esta incluye, a su vez, puntualmente, alguna otra información incidental.

Debemos reconocer, sin embargo, que aquí entran cuestiones de gusto. No obstante, el criterio dorado siempre debe ser *claridad y precisión*. ¿De qué forma el lector entenderá mejor lo que hemos escrito? Es válido ensayar lo mismo de varios modos. No solo es válido sino que nos ayudará a probar diferentes estructuras que nos servirán en el futuro.

Los paréntesis, por otra parte, pueden usarse en medio de la proposición o, bien, al final. Nunca se comenzará una proposición con una frase entre paréntesis. (No obstante, es posible escribir una o varias proposiciones enteras entre paréntesis, como estas. El punto va después del paréntesis con el cual se cierra, según la nueva norma).

En teoría, la coma es el signo que menos obstruye el flujo de las ideas; las rayas parentéticas las aíslan un poco más, y los paréntesis aíslan de manera más contundente. Esta es la teoría y no deja de ser cierta, pero como acabamos de ver, hay otros motivos que debemos tomar en cuenta, como lo que sucede cuando se juntan muchas comas (nada recomendable) o cuando hay incisos dentro de incisos. En este tenor también debemos entender los paréntesis.

Como acabamos de apuntar, los paréntesis encierran información aun menos ligada directamente al desarrollo ideológico de la proposición. Puede suceder, digamos, que en una proposición cuya complejidad rebasa la usual, deban incluirse ciertos datos (alguna fecha de nacimiento o muerte, el año de publicación de cierta obra) que de hecho podrían citarse en una nota a pie de página, sin que por esto la proposición pierda sentido. La proposición anterior, desde luego, fue redactada precisamente con la idea de ilustrar aquello de que habla:

> Puede suceder, digamos, que en una oración cuya complejidad rebasa la usual, deban incluirse ciertos datos (alguna fecha de nacimiento o muerte, el año de publicación de alguna obra) que de hecho podrían citarse en una nota a pie de página, sin que por esto la oración pierda sentido.

Como regla general, no debemos juntar demasiadas frases u oraciones incidentales, parentéticas o explicativas. Una sobreabundancia de incisos no solo diluye la idea principal sino que suele terminar por confundir al lector. Si nos descubrimos hilando tres o más expresiones parentéticas (no importa con qué signo se aíslen de la idea principal), sería mejor poner punto y seguido para después examinar de qué manera proseguir. Tal vez resulte mejor convertir alguna idea parentética en principal. En este ejemplo hemos empleado únicamente comas para no distraernos del problema de la sobreabundancia de expresiones incidentales.

## Ejemplo de redacción con sobreabundancia de incisos:

La canoa se deslizaba silenciosamente por el río, que a esa hora, el atardecer, llevaba poco movimiento, a diferencia de lo que sucedía al mediodía, cuando el sol, en todo su esplendor, derretía grandes cantidades de nieve en las regiones más altas de la montaña, cuyas aguas volvían a congelarse después de las cuatro de la tarde y dejaban de alimentar el torrente fluvial.

Si examinamos esta proposición cuidadosamente, tenemos una sola idea principal, independiente: «La canoa se deslizaba silenciosamente por el río». Después se suceden no menos de seis frases u oraciones parentéticas (explicativas o incidentales):

1. que a esa hora llevaba poco movimiento
2. el atardecer
3. a diferencia de lo que sucedía al mediodía
4. cuando el sol derretía grandes cantidades de nieve en las regiones más altas de la montaña
5. en todo su esplendor
6. cuyas aguas volvían a congelarse después de las cuatro de la tarde y dejaban de alimentar el torrente fluvial.

Es importante, además, que usted se fije en cómo dos de estas expresiones explicativas contienen *otro* inciso. (Los números 2 y 5, que son frases parentéticas, están dentro de los números 1 y 4, respectivamente, que son oraciones subordinadas explicativas). No cabe duda de que esta larguísima y posiblemente confusa proposición pueda organizarse de otra manera, con menos expresiones incidentales y más claridad:

La canoa se deslizaba silenciosamente por el río, que a esa hora —el atardecer— llevaba poco movimiento. No sucedía así al mediodía, cuando el sol en todo su esplendor derretía grandes cantidades de nieve en las regiones más altas de la montaña. A las cuatro de la tarde, sin embargo, sus aguas volvían a congelarse y dejaban de alimentar el torrente fluvial.

¿Qué hicimos aquí, pues? En primer lugar, aprovechamos las rayas parentéticas para eliminar dos comas. Pusimos punto y seguido después de «llevaba poco movimiento». Cambiamos ligeramente la redacción para iniciar una nueva proposición gramaticalmente independiente: «No sucedía así al mediodía [...]». Decidimos, además, que «en todo su esplendor» no era información parentética sino esencial. Por eso quitamos *ambas* comas (no puede quitarse solo una). Replanteamos lo demás como una idea independiente que empieza con el complemento circunstancial «A las cuatro de la tarde [...]». Incluimos después el inciso «sin embargo» para que la idea embonara gramatical y lógicamente, y terminamos con dos oraciones coordinadas: «sus aguas volvían a congelarse» y «dejaban de alimentar el torrente fluvial».

## ¿Se puede o se debe colocar una coma después de un paréntesis o una raya parentética?

Esta es una de las preguntas más frecuentes que surgen cuando se habla de las diferentes maneras de consignar información parentética. Como esta es, por definición, suprimible, para saber si debemos colocar una coma después, hay que —precisamente— suprimir lo parentético para saber si la coma es necesaria. En la proposición anterior, por ejemplo, si suprimimos el inciso *precisamente*, con todo y sus rayas, descubrimos que no hace falta ninguna coma: «Como esta es, por definición, suprimible, para saber si debemos colocar una coma después, hay que suprimir lo parentético para saber si la coma es necesaria».

Mas no siempre es así. Con frecuencia, al suprimir lo que viene entre paréntesis o rayas, nos queda una construcción problemática si no usamos una coma:

Los matrimonios entre personas del mismo sexo cuestionan y hacen presión contra prejuicios milenarios —los cuales son abrazados fervientemente por varias Iglesias, no solo la católica—, pero esto no significa que debamos tener miedo al debate y dejar de llamar las cosas abiertamente, por su nombre.

Para saber si debemos incluir la coma después de «católica—», debemos suprimir todo lo que viene entre rayas:

Los matrimonios entre personas del mismo sexo cuestionan y hacen presión contra prejuicios milenarios, pero esto no significa que debamos tener miedo al debate y dejar de llamar las cosas abiertamente, por su nombre.

¿Resulta conveniente dejar esa coma? La respuesta, en este caso, es *sí*, en virtud de la complejidad de toda la proposición, aunque aquí no cometeríamos un error si no la pusiéramos, pues se trata de una coma discrecional:

Los matrimonios entre personas del mismo sexo cuestionan y hacen presión contra prejuicios milenarios pero esto no significa que debamos tener miedo al debate y dejar de llamar las cosas abiertamente, por su nombre.

Por esto, en el caso citado, podemos dejar la coma después de la raya, como ya apareció, o así:

Los matrimonios entre personas del mismo sexo cuestionan y hacen presión contra prejuicios milenarios —los cuales son abrazados fervientemente por varias Iglesias, no solo la católica— pero esto no significa que debamos tener miedo al debate y dejar de llamar las cosas abiertamente, por su nombre.

Pero veamos otro caso, donde la coma *no* es discrecional:

Si analizamos cuidadosamente las partidas destinadas a la educación pública —y la relación venenosa que la Secretaría lleva con el sindicato de maestros—, descubrimos que gran parte se desvía hacia asuntos que poco tienen que ver con la educación.

Aquí la proposición se inicia con una oración subordinada circunstancial condicional, lo cual nos obliga a usar coma antes del verbo principal (véase el apartado «Ya no hay discrecionalidad, caso 2 [después de oraciones subordinadas circunstanciales condicionales]»). Suprimamos, pues, lo incidental:

Si analizamos cuidadosamente las partidas destinadas a la educación pública, descubrimos que gran parte se desvía hacia asuntos que poco tienen que ver con la educación.

Como esa coma es absolutamente obligatoria, no nos queda de otra: tenemos que dejarla después de «maestros—», tal como apareció originalmente.

El castellano nos ofrece esta gama de posibilidades y más. Debemos ir ensayando varias y muy diversas estructuras para ver de qué manera podemos sacar más jugo de las herramientas que tenemos a la mano, la última de las cuales —en cuanto a la expresión de lo parentético— son los corchetes: [ ].

Estos signos se emplean, en general, para incluir información de nuestra propia cosecha cuando estamos citando información ajena. También se emplean para indicar que hemos suprimido información dentro de una cita.

Si estamos citando un artículo periodístico, por ejemplo, y queremos agregar alguna información dentro de esta cita, estamos obligados a emplear corchetes. No debemos usar paréntesis porque el autor del artículo propio pudo haberlos empleado en *su* redacción. Por ejemplo:

> En el artículo citado se lee, además, lo siguiente: «A las tres de la madrugada llegaron los sicarios a la Ciudad [*sic*], donde acribillaron a 17 de los jóvenes que asistían a una fiesta de graduación. Todos tenían promedios *de entre 9 y 10* [las cursivas son mías], y eran miembros destacados de su comunidad escolar».

Si no hubiéramos usado corchetes, podría haber parecido que el articulista escribió —y no nosotros— la palabra *sic* (que hemos empleado para señalar que el periodista no debió escribir la palabra *ciudad* con mayúscula). En el segundo caso, empleamos los corchetes para señalar al lector que las cursivas *no* estaban en el artículo original sino que *nosotros* las agregamos para ser enfáticos.

Por otro lado, si por alguna razón dejamos de incluir alguna o varias palabras pertenecientes a una cita —porque no vienen al caso para nuestro propósito— podemos *elidirlas* (es decir: suprimirlas) mediante los puntos suspensivos dentro de corchetes. Esta elipsis puede venir al principio de una cita, en medio de ella o al final. Por ejemplo:

> «[...] nada dijo el inspector cuando el ahora indiciado le había ofrecido un soborno».

> «Entre los líricos primitivos [...] sobresalió Terpandro, autor de *nomos* o cantos litúrgicos».[3]

---

3 Federico Carlos Sainz de Robles, *Poetas líricos griegos*, 2ª ed., Madrid, Espasa Calpe, 1973, (© 1963), p. 9.

«Masters y Johnson sacaron a la luz lo que otros investigadores de la sexualidad prefirieron ocultar a lectores no especializados [...]».

Es importante emplear los corchetes cuando elidimos o agregamos una o más palabras dentro de una cita textual, aunque el *Diccionario panhispánico de dudas* no insista en su uso («Puntos suspensivos», 2h). Si no lo hiciéramos así, podría parecer que fue *el autor citado* quien empleó los puntos suspensivos, y no *nosotros*, quienes estamos citando la fuente. Resulta crucial recordar que deben emplearse corchetes y no paréntesis curvos ( ), pues los autores que citamos pudieron haber empleado, asimismo, estos signos, como ya hemos visto. La manera que tenemos de distinguir entre información citada entre paréntesis por el autor de una fuente y la que nosotros incluimos o excluimos, es el empleo de los corchetes, los cuales indican con toda claridad cuándo la información agregada o elidida se debe únicamente a nosotros, como autores que estamos citando esa fuente documental.

Para decirlo pronto, los corchetes se emplean, generalmente, dentro de alguna cita para indicar una de dos cosas: que hemos eliminado información o que la hemos agregado. En ninguno de estos dos casos, sobre todo en el primero, debe esto tergiversar el sentido original de la cita. Por ejemplo, no podemos suprimir la palabra «no» de una reseña crítica para darle otro giro:

### Cita completa:
«El nuevo filme de Almodóvar no capta la esencia de lo español con la misma chispa de autenticidad que gozamos en *Átame* y *Mujeres al borde de un ataque de nervios*».

### Cita con una elipsis capciosa:
«El nuevo filme de Almodóvar [...] capta la esencia de lo español con la misma chispa de autenticidad que gozamos en Átame y *Mujeres al borde de un ataque de nervios*».

Hay otro uso para los corchetes, aunque no se da todos los días. Curiosamente, se dio hace apenas unos párrafos, en esta misma sección. Allí los usamos porque pusimos entre paréntesis información que ya venía entre paréntesis, y no podemos *dobletear* los paréntesis curvos. (Los corchetes también se llaman *paréntesis cuadrados* o *rectos*). En otras palabras, no puede haber paréntesis (curvos, como estos) dentro de otros paréntesis curvos. Cuando se da este caso, uno debe escoger entre una de dos posibilidades: poner los corchetes afuera y los curvos dentro, como lo hicimos nosotros, o al revés, como lo haré ahora:

Aquí la proposición se inicia con una oración subordinada circunstancial condicional, lo cual nos obliga a usar coma antes del verbo principal (véase el apartado «Ya no hay discrecionalidad, caso 2 [después de oraciones subordinadas circunstanciales condicionales]»).

# El guion, o *guion corto*

El guion, por fin, es el más sencillo de estos signos. Se usa para separar una palabra entre sílabas cuando no cabe completa al final de la línea. Actualmente, los procesadores de palabra se encargan de hacer eso si así lo desea el redactor. Pero lo hacen correctamente solo si el usuario especifica que se trata del castellano. Si usa por descuido la separación inglesa, francesa o alemana, por ejemplo, en muchos casos el programa dividirá mal las palabras.

Si se escribe a máquina, uno debe dividir las palabras *ex profeso*. Para esto hay que conocer la regla de la separación silábica, que es sencilla.[4] También se usa en ciertas palabras compuestas. Puede haber dos motivos para ello, pero primero debe quedar claro que hay palabras compuestas que *por ningún motivo* deben llevar el guion. Si dos conceptos se fusionan en uno solo, no hay por qué separarlos con un guion en una palabra compuesta. Puede hablarse de la literatura *latinoamericana,* por ejemplo, o del nivel *socioeconómico* de un grupo de alumnos. En estos casos se fusionan los conceptos de *lo latino* y *lo americano,* y *lo social* y *lo económico,* respectivamente.

Hay otras palabras compuestas, sin embargo, que sí necesitan separarse con guion. Esto ocurre, primero, cuando se desea indicar oposición o contras-

---

4 Las sílabas se conforman, generalmente, con una consonante seguida de una vocal, como en «casa», «peso». Si viene una vocal en primera instancia, se trata de una sílaba aparte: «acaso», «opíparo». Puede haber consonante después de la vocal, y en estos casos la palabra siempre se divide entre las dos consonantes: «concurso», «balcón», «compensar». Una sílaba nunca termina con consonante si viene una vocal enseguida. Por eso hay que separar «examen» así: «e-xa-men»; nunca «ex-a-men» o «ex-am-en». La primera vocal debe quedar sola, y luego seguimos la fórmula de consonante-vocal, con otra posible consonante después de la vocal. En este último caso —otra vez— se divide entre las dos consonantes juntas, pero nunca deben separarse «ll» ni «ch». Con palabras compuestas, se puede dividir según esta regla o entre las dos palabras de que se componen: «su-bes-ti-mar» o «sub-estimar». Esto es posible porque existe la palabra «estimar». Pero *no* existe la palabra «ordinar», y por esto no podemos dividir «subordinar» como «sub-ordinar» sino forzosamente como «su-bor-di-nar». En cambio, la palabra «desorden» puede dividirse de dos maneras: «des-or-den» y «des-orden». Esto, porque sí existe la palabra «orden».

te, y —segundo— cuando la combinación es poco frecuente y podría causar dificultades de lectura. Por ejemplo:

la guerra hispano-americana
el malentendido serbo-croata
se trata de un planteamiento bio-cinematográfico

En los primeros dos casos se da claramente la idea de oposición entre las fuerzas españolas y americanas, y entre las serbias y las croatas, respectivamente. En el tercer caso, sin embargo, se usa el guion solamente para que este neologismo sea comprensible. Si se llegara a convertir en una palabra común, podría escribirse *biocinematográfico*. Tal vez deberíamos recordar que, cuando empezó a usarse, *socioeconómico* se escribía *socio-económico*.

## En resumen...

Con estos apuntes terminamos de ver todos los signos de puntuación frecuentes en la redacción de la prosa convencional —utilitaria— que cubre desde un ensayo literario, histórico o científico, hasta boletines y artículos periodísticos, pasando por notas, cartas, reportes y reportajes; es decir, casi todo. Aunque se emplean los signos de puntuación de la misma manera en más del 90% de la escritura puramente literaria —poesía y narrativa—, estos géneros poseen, además, reglas propias que no pudimos ver aquí, más allá de algunos aspectos elementales.

# Capítulo 14

## Comillas y letra cursiva

Hay varios casos en los cuales el redactor puede elegir entre el uso de comillas [" "] [' '] [« »] [‹ ›] y letras cursivas, que también se llaman *itálicas*. Pero también tienen usos específicos y no compartidos. Empezaremos con estos.

## Las comillas en citas textuales

Usamos las comillas dobles para citar textualmente, sea una fuente documental o palabras dichas en voz alta por un entrevistado. En este último caso, el que cita debe respetar tal cual las palabras pronunciadas, pero es responsabilidad del redactor emplear la puntuación y ortografía correctas. Si el de la voz se equivoca —sea en un concepto o gramaticalmente—, el que cita puede emplear la palabra *sic* entre corchetes para señalar este error: [*sic*]. Así se respetan las palabras citadas, textualmente, pero damos a entender a nuestros lectores que el entrevistado habló erróneamente y que nosotros, redactores de la nota, somos conscientes del error.[1]

Lo mismo podemos afirmar de un error en una fuente documental. Si detectamos un error en lo que necesitamos citar, podemos indicarlo mediante la palabra latina *sic*, la cual significa «así, tal cual». Ejemplos:

---

1 En el capítulo 13, en la sección «¿Se puede o se debe colocar una coma después de un paréntesis o una raya parentética?», se explicó por qué se emplean corchetes y no paréntesis.

El general respondió de manera contundente: «En este estado no queremos que haiga [*sic*] ningunos subversivos que vengan a alebrestar la paz y tranquilidad de la gente de bien».

Valdez afirmó algo semejante en el mismo libro: «Nunca hubieron [*sic*] elecciones limpias mientras duró la dictadura perfecta».

Este criterio se aplica a las citas de fuentes documentales en trabajos académicos y en el periodismo noticioso, donde —en ambos casos— la exactitud de la cita textual es de suma importancia, por los reclamos que pudiera haber. Cuando se trata de entrevistas largas donde el valor es cultural más que noticioso, sin embargo; donde los conceptos mismos importan mucho más que la exactitud textual, el entrevistador tiene la opción —y diría yo, la *obligación*— de corregir titubeos gramaticales, repeticiones, etcétera, como cortesía que se brinda a los lectores.

Aunque nunca se somete un artículo a una figura de la política, del deporte o de la farándula para que esta lo apruebe antes de su publicación (porque si se hiciera así, las citas dejarían de ser noticia y —peor— serían sujeto de censura), cuando se trata de entrevistas y reportajes de largo aliento, cuyo valor está más en el contenido y la veracidad de los conceptos expresados que en la noticia propia —como decíamos antes—, es perfectamente aceptable y aconsejable que los entrevistados revisen sus palabras, que las ajusten conceptualmente o, en su caso, que las corrijan.

Se recomienda que se haga así porque a veces el entrevistador no comprende perfectamente bien, y de entrada, ciertos conceptos artísticos, filosóficos, científicos, históricos, económicos, religiosos o políticos, y corre el riesgo de haber escuchado mal o reproducido incorrectamente lo dicho por los entrevistados. Y es frecuente, también, que el entrevistador no sepa escribir de manera precisa ciertos nombres y apellidos mencionados al paso, rápidamente, o lugares geográficos, sobre todo cuando no son propios del castellano. También cabe la posibilidad de que los entrevistados no se hayan expresado con la claridad que hubieran querido, sea por nervios, prisa o un lapsus cualquiera. (¡Todos somos humanos!). Para evitarlo, en el interés de los lectores, es bueno que el entrevistado revise lo que dijo y que lo ajuste en la medida de lo necesario.

Las citas textuales, también llamadas *directas*, suelen escribirse después de dos puntos [ : ], como en los dos ejemplos anteriores. Pero también cabe la posibilidad de que se integren directamente a la sintaxis de la proposición, sin necesidad de emplear los dos puntos, a veces con la presencia de alguna conjunción, como *que*, mas no siempre:

El general respondió, de manera contundente, que «en este estado no queremos que haiga [*sic*] ningunos subversivos que vengan a alebrestar la paz y tranquilidad de la gente de bien».

Valdez afirmó que «Nunca hubieron [*sic*] elecciones limpias mientras duró la dictadura perfecta».

Como dijo el manco de Lepanto, «peor es meneallo, amigo Sancho».

El uso de mayúscula o minúscula al principio de esta clase de cita textual depende de cómo viene en la fuente documental. Si estamos citando desde el principio de la proposición, debemos emplear la mayúscula, como en el segundo caso, arriba. Pero si omitimos palabras, debemos emplear el método de la elipsis, tal como lo vimos en el capítulo 13:

Dickenson escribe que «[...] a pesar de lo que se cree, hubieron [*sic*] tres terremotos que provocaron daños cuantiosos en la infraestructura».

Cuando dentro de una cita textual ya hay una o más palabras citadas entre comillas dobles, estas deben transformarse en comillas simples:

En «Días de prueba», Octavio Paz escribió que «La elocuente carta que el 18 de enero envió el 'subcomandante' Marcos a varios diarios, aunque de una persona que ha escogido un camino que repruebo, me conmovió de verdad: no son ellos, los indios de México, sino nosotros, los que deberíamos pedir perdón».[2]

En la fuente citada, la palabra *subcomandante* venía entre comillas dobles, pero como yo debía usar comillas dobles para citar lo escrito por Octavio Paz, lo entrecomillado por él ahora aparece entre comillas simples.

2 Octavio Paz. *Miscelánea II*, t. 14 de las *Obras completas*, Ciudad de México, Fondo de Cultura Económica, 2001, p. 249.

## Las comillas para citar partes de obras artísticas o intelectuales

Usamos comillas para citar capítulos de libros, arias de óperas (que tienen casi siempre su nombre propio), títulos de poemas o cuentos dentro de libros, títulos de cuadros dentro de una exposición, etcétera, sobre todo cuando los acompañan los títulos de las obras de donde provienen. Como veremos en el capítulo 15, donde se habla del uso de mayúsculas y minúsculas, hay un cuento titulado «El llano en llamas» dentro del libro *El llano en llamas* de Juan Rulfo. Podemos escribir, asimismo, que «Los amorosos» es probablemente el poema más famoso de Jaime Sabines. Es preciso aclarar que la *Ortografía de la lengua española* permite el uso de comillas o letra cursiva en las partes de obras mayores cuando no aparecen los títulos de estas. Si, por ejemplo, citamos el poema «Booz canta su amor», de Gilberto Owen, sin mencionar el título del libro de donde proviene, *Perseo vencido*, también podríamos elegir citarlo en letra cursiva: *Booz canta su amor*. En esta *Guía...*, sin embargo, desaconsejamos dicha práctica por las confusiones que pudiera suscitar. Así, escribiremos en cursivas los títulos de obras mayores, *Perseo vencido*, y entre comillas, los títulos de las partes de esas obras (poemas, cuentos, capítulos, arias de óperas, etcétera), «Booz canta su amor», independientemente de la presencia del título de la obra mayor.

Una vez más, recordemos que si el título del poema, cuento, capítulo o aria contiene una palabra entrecomillada, esta debe aparecer entre comillas simples:

En el capítulo «No hay 'subcomandante' que valga», los que se opusieron al levantamiento indígena expresaron la opinión de las derechas.

En el título del capítulo, *subcomandante* habrá aparecido entre comillas dobles:[3]

No hay «subcomandante» que valga

Según la nueva norma ortográfica, cuando la proposición termina con comillas, el punto siempre debe ir fuera: «No hay mal que por bien no venga». Como dijo Shakespeare, «El amor tiene razón; la razón, no».

Son estos los usos exclusivos de las comillas. Tienen otros usos de los cuales la letra cursiva ha ido apoderándose con el tiempo, y se trata de algo positivo,

---

3 Aclaro, sin embargo, que se trata de un título inventado.

ya que así se evitan muchas confusiones. En esta guía seguiremos la tendencia actual de reservar las comillas para los usos que ya hemos visto, y emplearemos letra cursiva en los casos que siguen.

## *La letra cursiva para escribir palabras en lengua extranjera*

Toda palabra que no sea castellana debe escribirse en letra cursiva, aunque sea común. Así, palabras y frases como *ballet*, *governance*, *femme fatale*, *jazz*, *zeitgeist*, *savoir faire* o *ritardando*, deben escribirse siempre en letra cursiva, no entre comillas. Mas aquellas que han sido castellanizadas —como *cantábile*, *sui géneris* o *club*— deben escribirse en letra redonda: cantábile, sui géneris, club.

Se recomienda, encarecidamente, que al emplear palabras y frases en otra lengua, el redactor verifique su ortografía correcta, pues nada hay más bochornoso que presumir el dominio de una lengua extranjera, solo para que nuestra ignorancia nos saque al balcón de la vergüenza. Así evitaremos calamidades como *open mind* (en lugar de *open minded*), *a groso modo* (en lugar de *grosso modo*), *do the rihgt thing* (en lugar de *do the right thing*), *milennium* (en lugar de *millennium*), *comme ca* (en lugar de *comme* ça) y un larguísimo etcétera.

## *La letra cursiva para indicar ironía, neologismos, regionalismos o palabras no aceptadas aún en el diccionario académico*

Cuando usamos una palabra irónicamente, cuando queremos que el lector la comprenda con un sentido contrario al que viene en el diccionario, debemos escribirla en letra cursiva. Si, por ejemplo, queremos describir a un estudiante dormido sobre una mesa de la biblioteca de la universidad, podríamos escribir lo siguiente:

Aquí se ve que los alumnos *estudian* hasta altas horas de la noche, aunque tengan los ojos cerrados.

Esos jóvenes ponen su *música* desde las once de la noche, y mi dolor de cabeza dura hasta el mediodía.

Mira qué *alegres* van marchando los soldados hacia el frente. Saben que más de la mitad no volverá.

Asimismo, palabras que uno ha inventado o que sean de reciente invención, deben escribirse con letra cursiva:

El Gobierno así funciona, o *disfunciona*, a partir de la ubicuidad del narco.

Por desgracia, el hoy occiso nunca dejó de ser *chavo banda*.

La actitud del senador fue sumamente *sospechosista*.

Las palabras o frases regionales, no conocidas en todas partes, también deben escribirse en letra cursiva, mas no simples modismos o coloquialismos.

La muchacha, totalmente ebria, invitó a todos a *bicharse* y aventarse a la piscina, así como Dios los trajo al mundo.

¡Yo no quería hacerlo! El *chamuco* se me metió...

Hablar de *ciberingeniería* está de moda en muchas revistas.

Cuando echó la culpa al *chupacabras*, me di cuenta de lo difícil que iba a ser tratar con ella.

## Apodos

Los apodos no deben escribirse en letra cursiva. Existe cierta polémica acerca de exactamente qué constituye un apodo y cómo debe escribirse. Algunos medios impresos insisten en incluir los artículos gramaticales que suelen acompañarlos cuando los empleamos en la tercera persona. (Los más comunes son *el* y *la* en estos casos). Así, escriben todo en letra cursiva y emplean mayúscula incluso en el artículo. («Llegó *El Mochaorejas* al filo de la medianoche». «Nadie se dio cuenta de cuándo *El Tuercas* robó la batería»). Otros, que en mi opinión son un poco más sensatos, consideran que los artículos *no* forman parte del apodo pero los escriben en letra cursiva de todas maneras. («Llegó *el Mochaorejas* al filo de la medianoche». «Nadie se dio cuenta de cuándo *el Tuercas* robó la batería»).

José Martínez de Sousa, en su *Manual de estilo de la lengua española* (*MELE 3*), sugiere —como yo— el uso de minúscula en el artículo antes del apodo propiamente dicho pero desaconseja el empleo de la letra cursiva, salvo que lo preceda el nombre verdadero: «Antonio García, alias *el Tuerto*».[4]

*La Ortografía de la lengua española* ha venido a poner orden en este tema. Los apodos *no* incluyen el artículo y deben escribirse en letra redonda, sin cursivas y sin comillas, salvo que el apodo venga en medio del nombre propio: Ernesto *Che* Guevara, o Ernesto «Che» Guevara.

Si pensamos en términos de morfología, resulta difícil llegar a otra conclusión: el artículo *no* forma parte del apodo. Basta reflexionar en cómo empleamos el apodo en el vocativo, cuando nos dirigimos directamente al apodado: «Oye, Mochaorejas, ¿realmente pensabas matarlos a todos si no pagaban el rescate?». «Maldito Tuercas, devuelve la batería o verás lo que es amor en tierra de apaches». Jamás usaríamos el artículo antes de un apodo cuando nos dirigimos a la persona que lo sufre (o goza). El futbolista mexicano Javier Hernández se apoda Chicharito, por ejemplo, y le dicen «el Chicharito Hernández». Pero dudo que alguno de sus compañeros de equipo le digan esto: «Oye, El Chicharito, ¿cuántos goles piensas meterle al Chelsea mañana?». Más bien tendrían que decirle algo así, sin artículo: «Oye, Chicharito, ¿cuántos goles piensas meterle al Chelsea mañana?».

Aunque es costumbre emplear el artículo en tercera persona, realmente no forma parte del apodo, que no es sino un «nombre que suele darse a una persona, tomado de sus defectos corporales o de alguna otra circunstancia», según el DLE. En otras palabras, *sigue siendo nombre propio*, y los artículos no forman parte de él. Solo se emplean, por costumbre, en la tercera persona. Así, si aceptamos esta explicación como la más lógica, debemos escribir el apodo con las mayúsculas del caso, y dejaremos los artículos con minúscula y letra redonda, como el resto del apodo:

Con dificultades, vino arrastrándose el Tuercas, con todo y la batería que le había robado al jefe.

De entre todos los secuestradores de esa época, el Mochaorejas fue el más temido.

Le decían el Tuerto, aunque su ojo único veía por tres.

Precisamente por la anarquía general que reina en la prensa escrita actual, hacía buena falta poner un poco de orden.

---

4 Martínez de Sousa, p. 247.

La tabla de la página siguiente, elaborada por la maestra Berenice Aguirre Celis, ilustra claramente cómo deben escribirse los apodos y alias de acuerdo con la nueva norma ortográfica.

De la indicación de la RAE (véase nota al pie), se infiere que si empleamos la construcción **alias o apodo** + **apellido**, no es necesario hacer resalte tipográfico alguno, como en el siguiente ejemplo: «Por los tres goles que metió ayer el Chicharito Hernández, recibirá una medalla de oro». Sin embargo, es conveniente poner el alias en cursivas (o entre comillas) cuando pudiera ser confundido con un nombre real. En este caso, también es recomendable anteponer artículo al alias. Ejemplos para un supuesto señor llamado Juan Pérez, alias [el] Bartolo: «Desde 1970, *Bartolo* Pérez ha vivido en esta colonia»; «Desde 1970, **el** *Bartolo* Pérez ha vivido en esta colonia».

NOTA DE LA TABLA DE LA PÁGINA 210
*«Los apodos que se insertan entre el nombre de pila y el apellido, pese a estar desplazados de su posición tradicional en español, no pueden considerarse estrictamente incisos parentéticos, pues forman parte de la nominación personal. Así pues, no es necesario escribirlos entre comas. En este caso, es el hecho de utilizar cursiva o comillas lo que los delimita suficientemente. Debe tener en cuenta que, en algunas ocasiones, la mención con el apodo se lexicaliza hasta tal punto que apenas es percibido como tal por muchos hablantes. Así, en el caso de Ernesto *Che* Guevara es incluso más frecuente su mención únicamente como Che Guevara, sin resalte alguno» (RAE, respuesta del 25 de enero de 2011 a una consulta personal).

## Norma ortotipográfica para componer apodos y alias (*Ortografía...*, 2010)

| Caso | Redondas | Comillas o cursivas | Mayúscula inicial en el artículo | Mayúscula inicial en el apodo o alias | Coma(s) de aposición | Ejemplo |
|---|---|---|---|---|---|---|
| Nombre propio + alias | Todo | No | No | Sí | Sí | Javier, el Chicharito, metió tres goles ayer. |
| Nombre propio + apellido + palabra alias + apodo o alias | Todo | No | No | Sí | Sí | Javier Hernández, alias el Chicharito, metió tres goles ayer. |
| Alias en sustitución del nombre propio | Todo | No | No | Sí, y en el/los adjetivo/s | No | Ayer el Chicharito metió tres goles. En breve se publicará la biografía de la Dama de Hierro. [Margaret Thatcher, alias la Dama de Hierro]. |
| Nombre de pila + alias + apellido | Nombre de pila y apellido | En el artículo (si llevara) y en el alias | No | Sí | No* | Javier *el Chicharito* Hernández metió tres goles ayer. Javier «el Chicharito» Hernández metió tres goles ayer. |

* Ver nota en la página 209.

## Letra cursiva para hacer énfasis en una palabra o frase, o para referirnos a esa palabra *como palabra, fuera de su campo semántico natural*

Cuando queremos que el lector ponga énfasis especial en una palabra o frase, debemos emplear letra cursiva:

No es que oscurezca más tarde sino que *amanece* más temprano.

Entre todas las opciones, precisamente *esa* es la buena.

¡No me digas que le dijiste a *ella*!

En muchas ocasiones, dentro de un escrito queremos aludir a una palabra como *palabra*. Esto se llama el empleo *metalingüístico* de las palabras y acaba de suceder en la proposición anterior. La primera vez que usé *palabra*, esta se empleó dentro de su campo semántico natural, pero la segunda vez me referí a esa voz como un término. Otros ejemplos:

Si alguien menciona la palabra *piojo*, no puedo evitar rascarme la cabeza.

Cuando la maestra dijo *masturbación*, todos los alumnos estallaron en carcajadas.

Son tantas las personas que emplean la palabra *evento* en su habla y escritura, que la Academia terminó aceptándola como sinónimo de *suceso*, *presentación*, *coctel*, *ceremonia* o cualquier otro acto social, deportivo, académico o artístico.

## La letra cursiva para citar de manera informal

Ya hemos visto que las citas formales, textuales o *directas*, se escriben entre comillas. En ocasiones querremos citar a alguien, pero sin que sea textual. En otras palabras, en estos casos somos libres de alterar alguna que otra palabra o hacer una paráfrasis. Puede emplearse mayúscula al principio de la cita informal si el redactor considera que lo citado es el principio de una proposición, aunque forme parte de la que estamos escribiendo. Si son palabras cualesquiera, se emplea minúscula.

Cuando dijo *Vámonos pa'l norte*, pensé que hablaba de Cuautitlán Izcalli, no de Saltillo.

Siempre sale con su ¿no *es cierto*? después de afirmar algo.

Mientras el Gobierno insista en que *podemos ganar la guerra al narcotráfico*, seguiremos en un conflicto sin fin.

## *Letra cursiva para escribir los títulos de obras artísticas o intelectuales, amén de los nombres propios de revistas, periódicos y suplementos de periódicos*

El título de todo libro, película, obra de teatro, ópera, *ballet*, exposición de artes visuales, etcétera, debe escribirse con letra cursiva. Aplicaremos, además, las mayúsculas cuando sea pertinente, según veremos en el próximo capítulo:

Después de escuchar *Un réquiem alemán* de Brahms, nada es lo mismo.
*El oro del Rhin* es la primera de las óperas que pertenecen al ciclo *El anillo de los nibelungos.*
De todos los periódicos de circulación nacional, el que más le agrada a aquel empresario es *El Universal*, sobre todo por sus anuncios clasificados.
Colaboró durante cinco años en el suplemento literario *Laberinto* del periódico *Milenio Diario*.
Me encantaría fundar un periódico que se llamara *El Correo de la Víspera*.
Fuimos a ver la exposición *Encuentros*, la cual reunía la obra de muchísimos pintores mexicanos que se habían inspirado en el arte europeo.
La *Resurrección* de Gustav Mahler es su segunda sinfonía.
De las sinfonías de Haydn, *Sorpresa* es mi preferida.

# Capítulo 15

El uso
de mayúsculas
y minúsculas

Los redactores inexpertos suelen conferir cualidades mágicas a las mayúsculas. Piensan que las letras capitales trasmiten respeto, importancia, solemnidad e incluso veneración. La verdad, las mayúsculas en castellano tienen usos muy acotados.

1. Las mayúsculas se emplean para indicar *nombres propios* de personas, personajes, divinidades (creamos en ellas o no), lugares —calles, barrios, colonias, estados, provincias, países, civilizaciones («la tradición libertaria en Occidente», «Las lenguas tonales de Oriente»)—, publicaciones, establecimientos comerciales, instituciones o dependencias gubernamentales, organizaciones no gubernamentales, oficinas, edades históricas y disciplinas académicas. Cada palabra del nombre propio se escribe con mayúscula, excepto artículos, preposiciones y conjunciones:

Alá, Biología, Ciencias Básicas, Cinco de Mayo (la calle), Ciudad de México (nombre propio de la capital de la república mexicana), Dios, Dirección, la Edad Media, El Palacio de Hierro, Intendencia, Juan de la Vega, Júpiter, *La Jornada*, Mickey Mouse, Neuquén (provincia argentina), *Nueva Revista de Filología Hispánica*, Organización de las Naciones Unidas, Quetzalcóatl, Ratón Miguelito, Recursos Humanos, el Renacimiento, Reino Unido, Satanás, Shiva, la Virgen (María), Zeus

*Ojo*: los nombres de periódicos y revistas, además, se escriben con letra cursiva, como vimos en el capítulo anterior. Si no aludimos a una disciplina académica sino a un fenómeno genérico, la palabra no debe llevar mayúscula:

La **b**iología está en todo. *Pero:* Tomé **B**iología **O**rgánica este semestre.
Me encanta la **l**iteratura. *Pero:* ¿Es cierto que reprobaste **L**iteratura
**E**spañola **M**edieval?
A Juan le interesan todas las **c**iencias. *Pero:* Juan estudia en la división de
**C**iencias **B**ásicas e **I**ngeniería.

Por otra parte, el nombre propio de este país es **M**éxico o **E**stados **U**nidos **M**exicanos. Por esto, si escribimos *república mexicana*, debe ir en minúsculas porque no se trata de un nombre propio sino de un sinónimo descriptivo (la república que es México). En cambio, **A**rgentina también es **R**epública **A**rgentina. En otras palabras, **R**epública **A**rgentina es también su nombre propio oficial. No sucede así en México.

Otro *ojo*: en castellano, las religiones, los idiomas y las corrientes ideológicas y artísticas no se consideran como nombres propios. Así, con minúscula inicial escribimos *catolicismo, judaísmo, islam, protestantismo, confucianismo, taoísmo, hinduismo, español, castellano, francés, ruso, hebreo,* árabe, japonés, *chino, comunismo, capitalismo, democracia, estalinismo, socialismo, anarquía, surrealismo, expresionismo alemán, orientalismo, puntillismo, dadaísmo, hiperrealismo, realismo mágico, modernismo, posmodernismo, estructuralismo,* etcétera.

2. Únicamente *la primera letra* de los títulos de obras de creación artística o intelectual debe llevar mayúscula. Si estos títulos incluyen nombres propios, desde luego que estos también deben escribirse con mayúscula inicial: «Tomás Eloy Martínez escribió *La novela de Perón*». Todo título de obra de creación artística o intelectual, además, debe escribirse en letra cursiva, igual que los nombres propios de periódicos y revistas. (Las partes de estas obras, como títulos de poemas, cuentos, capítulos, escenas, arias, etcétera, deben escribirse entre comillas dobles): *El llano en llamas* contiene un cuento titulado «El llano en llamas». El capítulo tres se titula «La historia en breve». El libro *Piedra de sol* incluye el poema titulado «Piedra de sol». En el periódico *El País*, salió un artículo bajo el título de «Los obispos presionan a los diputados católicos por la reforma del aborto».

*Ojo*: en España, en lugar de nuestras comillas dobles (en ocasiones llamadas *inglesas* o *redondas*) se emplean las comillas llamadas *francesas, españolas, latinas* o *angulares*:

Allá, en España, se llaman «comillas francesas».

El uso, no obstante, es idéntico. Las nuestras no son ni superiores ni inferiores a las otras. Es cuestión de usos y costumbres tipográficos.

3. Cada proposición debe empezar, forzosamente, con mayúscula. Con estas tres reglas se agota 90% de todas las mayúsculas que vamos a usar en la redacción de prosa. El otro 10% se divide entre los usos siguientes:

4. Para nombrar las constelaciones, planetas, estrellas, siempre y cuando nos refiramos a ellos como cuerpos celestes:

La **O**sa **M**ayor está directamente arriba de nosotros.
El **S**ol es el centro del sistema planetario.
La **L**una es nuestro satélite natural.
El tercer planeta se llama **T**ierra.
La **V**ía **L**áctea es el nombre de nuestra galaxia.

Pero:

El **s**ol quema mucho.
Nada nuevo hay bajo el **s**ol.
Parece que andas en la **l**una.
En mi **t**ierra se da mucho el frijol.
No hay nada parecido en la **t**ierra.
Ese **o**so se asea así.

5. Cuando hablamos de las civilizaciones occidentales u orientales como **O**ccidente u **O**riente, también empleamos mayúscula: «En **O**ccidente tenemos pocos idiomas tonales». «En **O**riente mucha gente come con los palillos llamados *chinos*».

6. Para nombrar festividades civiles o religiosas: «Le gustan las tradiciones de **N**avidad». «¿Vendrás para **A**ño **N**uevo?». «Vamos a festejar en grande el **D**ía de la Independencia». «El **D**ía del **P**erdón se llama **Y**om **K**ipur en hebreo».

7. Usamos mayúscula inicial para distinguir entre palabras que nombran ciertas entidades o colectividades, y sustantivos comunes: «La Iglesia exige el celibato a sus sacerdotes». Pero: «Construyeron esta iglesia en el siglo XIX». «El dogma solo puede ser dictado por la Iglesia católica». El adjetivo *católica* siempre se escribe con minúscula, a menos que forme parte de un nombre propio, pero suele ser simple adjetivo. (El nombre oficial de esta institución religiosa es Iglesia Católica Apostólica Romana; en cuanto al uso de la minúscula con adjetivos, véase el punto 3 de las reglas negativas, abajo). «Estos papeles conciernen a la seguridad del Estado». Pero: «No hay suficiente recaudación en el estado de Guerrero» y «Lo encontraron en estado de ebriedad». Las palabras *nación* y *país* nunca llevan mayúscula, a menos que estén dentro de un nombre propio o al principio de una proposición. La palabra *gobierno*, cuando significa *órgano superior del poder ejecutivo de un Estado o de una comunidad política*, debe escribirse con mayúscula: «Todos ellos forman parte del Gobierno federal» o «El presupuesto del Gobierno de Michoacán no está en la mesa de discusión». Por otro lado, en el caso de México (o *Estados Unidos Mexicanos*), el único estado cuyo nombre incluye la palabra *estado*, es el Estado de México; por ello, solo al referirnos a esta entidad federativa debemos escribir la palabra *estado* con mayúscula.

8. Se escribe con mayúscula la primera letra de la primera palabra de los nombres científicos en latín: *Felis silvestris catus*, *Mus musculus*, *Canis familiaris*, *Homo sapiens sapiens*. También se escriben en letra cursiva porque se trata de palabras en lengua extranjera.

## Las reglas negativas

1. No deben llevar mayúscula los títulos de personas, incluyan el nombre propio o no:

¿Dónde está el gobernador?
Esto no va a gustarle al licenciado Godínez.
El secretario Carstens se siente indispuesto.
El general lo recibirá ahora.
El alcalde fue asesinado por el narco.

*Observación*: en el caso de primeros mandatarios, como presidentes, primeros ministros, reyes, papas y los embajadores que los representan (y solo de estos jefes de Estado, no de otros funcionarios, por importantes que sean o se crean), sí es permisible, aunque no recomendable, emplear mayúscula inicial *siempre y cuando no estén sus nombres propios y sepamos de quién se trata de manera específica*:

Ya llegó el **P**residente.
No me lo dijo el **P**rimer **M**inistro.
El **P**apa va a pronunciar un discurso.
Viva el **R**ey.
Acaba de fallecer el señor **E**mbajador.

En estos casos, podríamos decir que el título funge como una especie de pronombre, ya que no está el nombre propio. *Mas solo en estos casos*, no en los títulos citados anteriormente, como *don*, *licenciado*, *alcaldesa*, *gobernadora*, *general*, *directora*, *secretario*, *maestro*, *doctora*, *profesor*, etcétera. Aun si optáramos por emplear mayúscula, tratándose de primeros mandatarios (jefes de Estado), esta revierte a minúscula si está presente el nombre propio:

Ya llegó el **p**residente Calderón.
No me lo dijo el **p**rimer **m**inistro Cameron.
Es un artículo sobre el **r**ey Juan Carlos.
Acaba de fallecer el **e**mbajador Anguiano.

Aun así, recomendamos emplear la minúscula en todos los casos, por ser esta la tendencia más moderna, ya reflejada en la *Ortografía de la lengua española* (p. 470).

2. Los nombres de los días de la semana, los meses y las estaciones del año siempre se escriben con minúscula inicial (salvo que estén al principio de una proposición o estén incluidos dentro del nombre propio de una revista, periódico).

Odio los **l**unes.
El mes más cruel es **a**bril.
En **s**eptiembre se inicia el **o**toño. Los **j**ueves recogen la basura.
Pero: Cada ocho días recibo el semanario *El Correo de los Jueves*.

3. Todos los adjetivos se escriben con minúscula. No importa que se refieran a religiones o nacionalidades:

Los cristianos se están preparando para las fiestas decembrinas.
Los judíos fueron expulsados de España en 1492.
Actualmente son los musulmanes quienes temen represalias.
Los colombianos en el Gobierno sospechan que los venezolanos tienen otros motivos.

Reconozco que a los funcionarios gubernamentales les cuesta mucho trabajo comprender que no deben emplear mayúsculas a diestra y siniestra, supuestamente para dignificar su dependencia, cual fuera. Muchas veces estos funcionarios, o sus subalternos, me han mirado con absoluta incredulidad cuando les he afirmado que no deben escribir, por ejemplo:

La próxima semana el Gobierno del Estado de Michoacán
hará entrega de toda la documentación.

Sino:

La próxima semana el Gobierno del estado de Michoacán
hará entrega de toda la documentación.

No se usa mayúscula en la palabra *estado* porque no se trata de la nación sino de una *entidad federativa* (véase el uso 7 de las mayúsculas). Los gobiernos democráticos suelen constar de varios *poderes*, como el Poder Ejecutivo, el Poder Legislativo y el Poder Judicial. Deben emplearse mayúsculas en estos casos porque se trata de los nombres propios de estos poderes.

La próxima semana el Poder Ejecutivo del estado de Michoacán
hará entrega de los documentos. *O:*
La próxima semana el Ejecutivo del estado de Michoacán
hará entrega de los documentos.

Algunos políticos y funcionarios tampoco entienden muy bien que las palabras *licenciado*, *gobernador*, *secretario*, *general*, etcétera, deben escribirse con minúscula:

El gobernador llegará en breve.
El secretario expresó su desacuerdo con el presidente.
El general Ayala hizo lo correcto.
El licenciado es vanidoso y le gusta que la gente escriba su título
con mayúscula, aunque no sea correcto.

No he repetido esta información erróneamente sino porque en muchísimos casos los funcionarios, aun tras leer las reglas, no las creen. Les queda la duda y vuelven a preguntar por qué esas palabras no llevan mayúscula. Previendo esta incredulidad, pues, no he querido dejar lugar a dudas.

4. A pesar de la tendencia tradicional de emplear mayúscula en los títulos de sacerdotes, rabinos, imames (o imanes), frailes y hermanas religiosas, los escribiremos con minúscula inicial aun cuando forman parte de su nombre propio: «¿Has leído a **f**ray Luis de León?». «Me intriga la vida de **s**or Juana Inés de la Cruz». También se emplea minúscula si se trata —y se emplea— como simple título: «Va a llegar **f**ray Juan a cenar». «El **p**adre Román viene a comer hoy». «La **h**ermana Milagros viajará a Roma el mes próximo». «El rabino Marcelo es muy querido por toda su congregación».

## El uso de abreviaturas

No está de más recalcar que, hoy en día, las abreviaturas no deben emplearse ni en títulos (como *lic.*, *Dr.*, *ing.*, *arq.*, etcétera) ni en ninguna otra palabra (como *etc.*, *v.gr.*, *p.ej.*). En todos estos casos, y otros análogos, debemos escribir estas palabras con todas sus letras: *licenciada*, *doctor*, *ingeniera*, *arquitecta*, *etcétera*, *verbigracia*, *por ejemplo*...

Las abreviaturas datan de una época cuando todo se escribía a mano, y era comprensible que, para ahorrar tiempo, esfuerzo y —además— papel (que era muy caro en comparación con lo que hoy cuesta), se emplearan abreviaturas para muchas palabras que se repetían con frecuencia. Actualmente, sin embargo, no tiene sentido seguir abreviando estas palabras porque las abreviaturas solo entorpecen la lectura. Encima, si nos parece muy larga la palabra *licenciada*, por ejemplo, o si debemos repetirla con frecuencia, podemos crear una *macro* en nuestro procesador de palabras[1] que nos ahorre la

---

1 Una *macro* es una secuencia de signos grabada y que puede ejecutarse de manera automática con una combinación de teclas que nosotros mismos programamos.

molestia. Para decirlo pronto: *en la buena redacción, no emplearemos abreviaturas*.

No obstante, sí debemos emplear ciertas abreviaturas en notas a pie de página, como *loc. cit.*, *op. cit.*, *ibid.*, *id.*, *cf.*, *v.*, vse., *apud.*, etcétera. También se emplean en diccionarios y obras de referencia como enciclopedias, donde se pretende meter la mayor cantidad de información en el menor espacio posible. También es lícito usarlas en sobres, listas, notas al margen, fichas y otros escritos que no se consideran prosa propiamente dicha.

En resumen, esta es nuestra recomendación: *en la buena prosa debemos evitar el uso de abreviaturas, por innecesarias*. Pero para aquellos que insisten en emplearlas, aun en su prosa impecable, la *Ortografía de la lengua española* le dedica nueve páginas completas (pp. 568-577) al asunto, además de incluir una lista exhaustiva de 17 páginas (pp. 701-717) de toda suerte de abreviaturas, desde las más comunes hasta las más rebuscadas.

# Capítulo 16

## Uso y abuso del gerundio

El gerundio es uno de los tres tipos de verboides que tiene el español. Los otros dos son los infinitivos (terminados en -*ar*, -*er* e -*ir*)[1] y los participios: activos y pasivos.[2] Es muy común que se abuse del gerundio o que se emplee mal, pero la solución no es evitarlo sino usarlo bien y de manera que sea de verdad expresivo.

El gerundio, en casi todos los casos, depende de algún verbo conjugado. Y este verbo es regido por el sujeto que realiza su acción. Así podemos concluir que, por extensión, la acción del gerundio es realizada por el sujeto del verbo principal, aunque —como se verá más adelante— hay un caso en que puede relacionarse con el complemento directo. Hay tres usos correctos del gerundio respecto del sujeto:

1.  Con el verbo *estar*, *andar* o *venir*.
2.  Cuando funciona como adverbio y —como tal— trabaja en conjunto con un verbo conjugado para indicar simultaneidad o el modo como se realiza la acción de dicho verbo (uso modal).

---

1 Los infinitivos son la forma *básica* de los verbos conjugados. Gramaticalmente son sustantivos; por eso pueden admitir el artículo *el*, como cuando decimos «El estudiar gramática no me entusiasma». Esto es, en esencia, lo mismo que decir «El estudio de la gramática no me entusiasma». Los infinitivos también son el *nombre* de los verbos. Por eso decimos «el verbo *cantar*, el verbo *subir*», etcétera.

2 Los activos terminan en *ante* y *ente*: *caminante*, *doliente*, *pasante*, etcétera. Los pasivos tienen la terminación regular *ado* e *ido*, y los irregulares, las terminaciones *echo* (hecho), -*ierto* (despierto), -*eso* (confeso), -*harto (reharto)*, -*isto* (visto), -*ito* (frito), -*oto* (roto), -*suelto* (resuelto), -*uso* (confuso), etcétera.

3.  Cuando la acción del gerundio es anterior a la del verbo principal (y es el mismo sujeto quien realiza ambas)

## Ejemplos del primer uso:

Estoy *brincando*.

Marina está *haciendo* la tarea.

¿Estás *mintiéndome*?

Ando *volando* bajo.

Gobernación anduvo *husmeando* en todo lo relacionado con el sindicato.

Apenas vengo *llegando*.

El candidato venía *observando* a los asistentes.

## Ejemplos del segundo uso:

Luisa lo dijo *cantando*.

Sara entró *gritando*.

El extraño salió *corriendo*.

El jefe de piso, *llorando* como niño, me corrió sin más.

## Ejemplos del tercer uso:

*Levantando* la mano, Eduardo la dejó caer. (Eduardo empieza a levantar la mano pero antes de hacerlo por completo, la deja caer).

*Cayendo* al piso, mi mamá gritó improperios. (Primero empezó a caer mi mamá, y luego —quizás una décima de segundo después— gritó improperios).

*Habiendo* dicho lo anterior, continúo con mi discurso. (Primero digo algo, y después continúo con lo que sigue. No es necesario utilizar el sujeto explícito si por contexto el lector sabe cuál es).

Como se dijo anteriormente, también hay un caso en que la acción del gerundio puede relacionarse con el complemento directo: cuando se usa con algún verbo que indique percepción sensible o intelectual. Es más: en estos casos, el gerundio *modifica* al complemento directo. Es la única situación en la lengua española en que un gerundio puede fungir como adjetivo. Es importante recalcar que esto solo sucede con verbos de percepción sensible o intelectual. En los ejemplos que veremos a continuación, el verbo principal está subrayado. El complemento directo (modificado por el gerundio) aparece en letra negrita, y el gerundio está en letra cursiva.

## Ejemplos:

<u>Vi</u> [yo] a **mi novio** *corriendo* detrás del ladrón. (Quien corre es mi novio).

<u>Escuchó</u> [él, ella, Juan...] **al anciano** *llorando* toda la noche. (Quien llora es el anciano).

<u>Recordamos</u> [nosotros] a **la mujer** *saltando* de felicidad. (Quien salta es la mujer).

## Ejemplos de lo que no debemos escribir:

Vimos **el mar** *volando* en el avión. (Según la regla, el mar tendría que estar volando dentro del avión. Lo correcto: «Volando en el avión, vimos el mar»).

Escuchamos **la campana** *caminando* hacia la iglesia. (Según la regla, esta campana estaría viva, tendría piernas y estaría caminando. Si quisiéramos dar a entender que nosotros estábamos caminando, tendríamos que escribir: «Caminando hacia la iglesia, escuchamos la campana»).

Descubrimos a **la monja** *abriendo* la cava. (Es correcto si la monja abría la cava; es incorrecto si nosotros abríamos la cava. En este caso, habría que escribir: «Abriendo la cava, descubrimos a la monja»).

Asimismo —como ya se vio—, el gerundio puede tener valor adverbial; por eso es posible afirmar que este verboide puede estar en el complemento circunstancial; a veces podrá existir independientemente del sujeto, y a veces no.

## Ejemplos:

*Estando* tan vigilada la oficina, no es posible que entre nadie. (Construcción absoluta: no se refiere al sujeto ni hay complemento directo siquiera).

*Habiendo* visto las luciérnagas, los niños comenzaron a idear cómo atraparlas. (Complemento circunstancial de tiempo. Aquí el gerundio sí se relaciona con el sujeto *los niños*; además, la acción del gerundio es ligeramente anterior a la del verbo principal).

*Habiendo* tantos hombres, Medea se casó justo con el que la dejaría después con tres hijos. (Complemento circunstancial concesivo; el gerundio no se rige por el sujeto ni hay complemento directo).

*Empujando* la puerta con fuerza, Mariana interrumpió la clase. (Complemento circunstancial de modo; se trata del uso modal —y de simultaneidad— que ya se había visto arriba; indica la manera como se lleva a cabo la acción del verbo principal y es regido por el mismo sujeto).

*Diciéndolo* tú, no lo dudo ni un segundo. (Complemento circunstancial condicional equivalente a «Si tú lo dices...»; el gerundio no es regido por el sujeto —yo— ni por el complemento directo «lo», que equivaldría a «eso»).

Hay un uso del gerundio que no corresponde, estrictamente, a condiciones de anterioridad o simultaneidad. Esta clase de gerundio se emplea para indicar *lugar*, y por eso se lo llama *gerundio de ubicación o de orientación locativa*.

Es el tercer timbre, *contando* desde abajo hacia arriba.
*Subiendo* por esta avenida, está la catedral.
*Bajando* está la ventanilla.

Hay que tener mucho cuidado con este uso del gerundio porque se presta a construcciones chuscas o ambiguas.

Mi casa está *cruzando* la calle.
Mejor: *Cruzando* la calle, está mi casa.
El hospital está *subiendo* la calle.
Mejor: Subiendo la calle, verás el hospital.
El bar estaba *bajando* la cuesta.
Mejor: *Bajando* la cuesta, llegabas al bar.

Hasta aquí se ha visto cómo sí puede usarse el gerundio. Ahora veremos las tres maneras en que los redactores inexpertos suelen abusar del gerundio.

## Se abusa del gerundio cuando:

1.   ... se quiere indicar consecuencia o efecto (cuando su acción es posterior a la del verbo principal).
2.   ... se quiere emplear como adjetivo (cuando pretende aportar cualidades a algún sustantivo, se encuentre este en el sujeto o en cualquiera de los complementos)[3].

---

3 Salvo en los casos —como los que acabamos de ver— en que el verbo principal es de percepción sensible o intelectual, y el gerundio modifica al complemento directo: «*Escuchamos* **los perros** *ladrando* toda la noche».

3. ... se usa en lugar de un verbo conjugado en la segunda de dos oraciones coordinadas o en una subordinada.

La acción del gerundio *nunca* debe ser posterior a la del verbo principal, aunque suceda un nanosegundo después. La razón es sencilla: si la acción del gerundio sucede posteriormente a la acción del verbo principal, significa que la segunda acción (la del gerundio) es consecuencia de la primera (la del verbo principal). Esto está prohibido en español. Su acción puede ser simultánea o anterior, o puede indicar modo, pero *jamás* puede ser posterior.

## Ejemplos del primer abuso:

Chocó el camión, *muriendo* 32 personas.
Isela nació en Barranquilla, *trasladándose* a Caracas a los 14 años.
El concejal no estuvo de acuerdo, *disgustando* al resto de los invitados.

## Corrección:

Chocó el camión y *murieron* 32 personas.
(Coordinación)
Isela nació en Barranquilla, y a los 14 años se trasladó a Caracas.
(Subordinación)
El concejal no estuvo de acuerdo, lo cual *disgustó* al resto de los invitados.
(Subordinación)

Como puede apreciarse, es muy sencillo arreglar el problema: solo hay que volver verbo al verboide, conjugándolo. Luego se puede coordinar con la primera oración, o se puede subordinar la oración resultante a la otra. Es necesario replantear la idea pero —como ya se vio— esto no implica mayor problema.

Hay mucha polémica alrededor del gerundio que se emplea para indicar una acción posterior a la del verbo principal. En general, como ya hemos apuntado, se rechaza de manera terminante. Gramáticos tan respetados como Andrés Bello, Samuel Gili Gaya y —más cerca de nosotros— Álex Grijelmo y José G. Moreno de Alba lo han señalado así. No obstante, en otras obras importantes —como las de María Moliner, Emilio Alarcos Llorach y la propia de la Asociación de Academias— permiten el *gerundio de posterioridad* siempre y cuando la acción del gerundio se comprenda como *inmediatamente* posterior a la acción del verbo principal.

El problema que se suscita al admitir este uso del gerundio radica en que puede ser sumamente difícil determinar qué tan inmediata es la acción del gerundio respecto de la del verbo principal. ¿Basta que pase más de un segundo para que no sean acciones inmediatas o consecutivas? ¿Debe ser menos de una décima de segundo, una centésima, una milésima? ¿Necesito cronómetro para saber si mi gerundio está bien empleado?

La Asociación de Academias da por buenas estas construcciones del gerundio de posterioridad:

> Los cartagineses lo atacaron, *obligándole* a refugiarse en una torre, a la que luego le prendieron fuego. (Fuentes, *Naranjo*)
> Alba se la arrebató de la mano de un zarpazo y la lanzó contra la pared, *haciéndola* añicos. (Allende, *Casa*)

Con estos ejemplos entendemos que entre la acción del verbo principal —*atacaron* y *arrebató*, respectivamente— y la del gerundio —*obligándole* y *haciéndola*— no puede intervenir ninguna otra acción. En el primer caso, el ataque de los cartagineses *obligó* la búsqueda de refugio. En el segundo, entre el lanzamiento del objeto y su choque contra la pared, no pudo ocurrir nada. Pero la Fundación del Español Urgente [Fundéu] pone una construcción muy parecida que en su opinión es a todas luces incorrecta: «La erupción del volcán originó una nube de ceniza, *provocando* el cierre del espacio aéreo».

¿Cuántas horas tardaron en refugiarse los atacados por los cartagineses? ¿Cuántas horas pasaron entre la erupción del volcán y la provocación del cierre del espacio aéreo?

¿Cuántas acciones pudieron ocurrir entre uno y otro suceso? No lo sabemos. No hay manera de establecer un criterio cronológico claro para dar por buenos algunos gerundios de posterioridad, y rechazar otros.

Por esto seguimos recomendando que se evite este gerundio de posterioridad, precisamente para no caer en construcciones infelices, como las que hemos visto. Pero si usted considera que domina el concepto de *inmediatez* como dos acciones entre las cuales no puede intervenir ninguna otra porque la segunda es consecuencia inextricable de la primera, ¡adelante! Mas sobre aviso no hay engaño. Aquí pondré unos ejemplos donde el gerundio resultaría aceptable según este criterio de inmediatez consecutiva:

> Se quitó el anillo de compromiso, *cancelando* toda posibilidad de que nos casáramos.
> La tía se calló inesperadamente, *haciendo* reír a todos.
> Hizo explosión el artefacto nuclear, *enterrando* las esperanzas de varias generaciones.

Aparte puede tomarse en cuenta el gerundio de *finalidad*, el cual tampoco goza de aceptación unánime entre gramáticos y escritores. Se trata del gerundio que da la razón por la cual se realiza la acción del verbo principal.

El preso escribió una carta *pidiendo* la presencia de un representante
de la Cruz Roja.
(El preso escribió la carta *para pedir* la presencia de la Cruz Roja).
Con sangre los amantes firmaron un pacto *comprometiéndose*
a fidelidad eterna.
(Los amantes firmaron un pacto *para comprometerse* a fidelidad eterna).

Debemos entender aquí que la Asociación de Academias acepta este gerundio porque la finalidad que expresa fue concebida anteriormente a la acción del verbo principal. En otras palabras, el preso primero deseó la presencia de la Cruz Roja y, después, escribió la carta. En el caso de los novios, primero se les ocurrió que serían fieles para siempre, y solo después firmaron con su sangre un pacto en este sentido.

## Más ejemplos del segundo mal uso:
Pásame la caja *conteniendo* cachivaches.
Derogaron una ley *prohibiendo* la eutanasia.
El grupo *respondiendo correctamente* a más preguntas, ganará el concurso.

## Corrección:
Pásame la caja **que** <u>contiene</u> cachivaches.
Derogaron una ley **que** <u>prohíbe</u> la eutanasia.
El grupo **que** <u>responda correctamente a más preguntas</u>, ganará el concurso.

Como puede verse, se corrige este error conjugando el gerundio e insertándolo en una oración subordinada adjetiva especificativa, la cual empieza a partir del *que* en negritas dentro de los ejemplos de corrección anteriores. La oración subordinada está subrayada, y el ahora verbo subordinado (antes gerundio) está en letra cursiva.

El tercer error consiste en usar un gerundio en lugar de verbo conjugado en la segunda de dos oraciones que se pretendía originalmente coordinar (no se puede hacer esto si no hay verbo) o en la que se quería subordinar a otra. Esto sucede cuando el redactor cree que el verboide es más *elegante*.

**Ejemplos tomados de *Redacción sin dolor*:**

Gritaron una serie de improperios, *ignorándose* la reacción que provocarían en los guardaespaldas.

Al momento de disparar al frente del candidato, fui empujado por una de las personas que se encontraban en ese lugar, *logrando* efectuar dos disparos con el arma de fuego que portaba, *siendo* detenido en esos momentos por unas personas vestidas de civil. (Declaración de Mario Aburto Martínez, asesino confeso de Luis Donaldo Colosio, tomada el 23 de marzo de 1994).

El 30% de la población se encuentra en pobreza extrema, *destacándose* los estados de Guerrero, Oaxaca y Chiapas.

En los ejemplos anteriores, es evidente que no quiere usarse el gerundio ni como adjetivo ni para indicar consecuencia o efecto. Solo se utilizó en lugar de un verbo conjugado que debería coordinarse con la anterior o subordinarse a ella. Y es así precisamente como se corrige este error.

## Cuatro últimas observaciones rápidas (tomadas textualmente de RSD)

1. Hay dos gerundios que sí pueden emplearse como adjetivos sin que formen parte de un complemento directo regido por un verbo de percepción sensible o intelectual: *ardiendo* e *hirviendo*. Uno puede escribir, sin temor a violar la gramática castellana, que «Xavier se quemó con agua *hirviendo*», y que «Se llevaron al niño *ardiendo* en fiebre».
2. Es, asimismo, lícito convertir los gerundios en diminutivos, aunque esto ya suena un poco anticuado: «Llegó *resoplandito* el mensajero». «Se fue *leyendito* encima de su caballo». «En *llegandito* mandó llamar a sus criados».[4]
3. Hay gerundios que solemos encontrar únicamente en pies de foto o grabado, en títulos de obras diversas, descripciones y escritos análogos. No tienen verbo principal alguno a que puedan referirse. Se trata de casos excepcionales, aunque lícitos: «Marco Antonio *discutiendo* en el Senado». «Los peregrinos *atravesando* el desierto». «Neruda *leyendo* en

---

4 En cuanto a la palabra *en*, véase el punto cuatro, en la página 232.

Venezuela». Tal vez estas construcciones puedan entenderse como complemento directo de un sujeto y núcleo de predicado *virtuales*, cuando el verbo es de percepción. Es como si dijéramos «*Aquí vemos a* Marco Antonio discutiendo en el Senado» o «*Aquí vemos a* los peregrinos atravesando el desierto», etcétera.

4. Por fin, también es posible anteponer la preposición *en* a un gerundio. De hecho, es la única preposición que puede ocupar este lugar: «*En* llegando, me hablas para ver cómo está tu mamá». «*En* abriendo la carta que encontró sobre la mesa, se comunicó con el abogado que había contratado para defenderlo».

# Capítulo 17

## La voz pasiva

## Estructura de la voz pasiva

La voz activa es la que más se utiliza en español. Hablamos de *voz activa* cuando dentro de la oración *alguien* o *algo* **realiza una acción**; en cambio, hablamos de *voz pasiva* cuando **una acción es realizada** por *alguien* o *algo*. En el primer caso, en la voz activa, suele destacarse qué o quién realiza la acción (el *sujeto*), mientras que en el segundo, en la voz pasiva, lo más importante suele ser qué o quién recibe dicha acción (el *sujeto pasivo* o *paciente*).

### Voz activa:

<u>Todos</u> *estamos leyendo* <u>un libro sobre cómo redactar mejor</u>.

### Voz pasiva:

<u>Un libro sobre cómo redactar mejor</u> *está siendo leído* por <u>todos</u>.

Este ejemplo, planteado primero en voz activa y luego en voz pasiva, ilustra lo que acabamos de explicar. El sujeto en voz activa, subrayado, realiza la acción de *estamos leyendo*, en letra cursiva. El complemento directo aparece con doble subrayado. Este complemento directo, en voz pasiva, se convierte en el *sujeto pasivo* o *paciente* de la oración. Lo que había sido el sujeto en voz activa, *todos*, pasa a ser el *agente* en la voz pasiva.

La voz pasiva se emplea mucho menos que la voz activa, pero resulta muy útil cuando se desea asignar un papel preponderante a lo que habría sido el complemento directo en voz activa. Además, pasar una oración de voz activa a voz pasiva es una de las tres formas de comprobar que hay complemento directo en una oración, pues si no lo hay, no es posible realizar la transformación. Esto es así porque el verbo de una oración en voz pasiva debe ser —forzosamente— transitivo, y todo verbo transitivo requiere —también forzosamente— complemento directo. Es este complemento directo el que se convierte en el *sujeto pasivo* de la oración en voz pasiva.

Para ilustrar la imposibilidad de construir una oración en voz pasiva a partir de un verbo intransitivo, veamos este ejemplo en voz activa, cuyo verbo es intransitivo: «Los avisos de Hacienda *salieron* con tres días de atraso». No podemos alegar que «Con tres días de atraso *fueron salidos* los avisos de Hacienda». Carece de sentido ideológico y gramatical. Esto es así porque el verbo *salir* es intransitivo y su acción no recae en ningún objeto. En otras palabras: no hay complemento a partir del cual construir la voz pasiva.

Los pasos para cambiar de voz activa a voz pasiva son los siguientes.

1. Reconocer el sujeto (subrayado) y lo que consideramos el complemento directo (con doble raya):

El magistrado *revisará* el expediente antes del jueves próximo.

2. Invertir su orden:

El magistrado *revisará* el expediente antes del jueves próximo.

El expediente *revisará* el magistrado antes del jueves próximo.

Ahora, lo que llamábamos *sujeto* será el *agente*, y lo que llamábamos *complemento directo* será el *sujeto pasivo* o *sujeto paciente*.

3. Verificar en qué tiempo está conjugado el núcleo del predicado:

*revisará* (futuro)

4. Conjugar el verbo *ser* en el tiempo del núcleo de predicado:

*será*

5. Volver participio pasivo el núcleo de predicado original (revisará). Este participio debe concordar en número y género con el sujeto pasivo:

*revisado*

Cambiar el núcleo de predicado original por el nuevo (*será*, en este caso) más el participio (*revisado*, en este caso):

El expediente *será revisado* [por] el magistrado antes del jueves próximo.

6.  Agregar la preposición *por* antes del agente:

El expediente *será revisado* **por** el magistrado antes del jueves próximo.

Es posible que no queramos especificar el agente, ya sea porque deseamos ocultarlo por alguna razón o, la mayoría de las veces, porque no es importante:

El expediente **será revisado** antes del jueves próximo.

Por otro lado, también vale la pena decir que el complemento circunstancial puede ir, en realidad, en cualquier parte de la oración en voz pasiva sin que esto la afecte:

*Antes del jueves próximo*, el expediente será revisado por el magistrado.
El expediente será revisado *antes del jueves próximo* por el magistrado.
El expediente, *antes del jueves próximo*, será revisado por el magistrado.

## Más ejemplos de paso de la voz activa (VA) A la voz pasiva (VP):

VA: Olga cortó de tajo la carrera de esa actriz.
VP: La carrera de esa actriz fue cortada de tajo por Olga.

VA: Mauricio comenta todos los días las últimas noticias de la tarde.
VP: Las últimas noticias de la tarde son comentadas por Mauricio todos los días.

VA: Santiago habría dicho la verdad si se la hubieran preguntado.
VP: La verdad habría sido dicha por Santiago si se la hubieran preguntado.

Lo que hemos visto hasta ahora ha sido lo que podríamos llamar la voz pasiva *pura*, pero existen otras voces pasivas:

→ la pasiva refleja
→ la pasiva con sentido recíproco
→ la pasiva con sentido incoativo
→ la pasiva con sentido impersonal
→ la pasiva de uso expresivo
→ la pasiva de uso obligado
→ la pasiva media

Todas son construcciones *pronominales*, y así las llama Manuel Seco en su gramática[1] debido a que necesitan de un pronombre (*me* —primera persona—, *te*, *os* —segunda persona—, *se*: tercera persona tanto singular como plural o segunda persona del formal, que también se usa en el impersonal). Veamos estas otras voces pasivas.

La primera es la pasiva refleja, y se llama así porque la acción se entiende como reflexiva; en otras palabras: la acción del sujeto recae en sí mismo, como si fuera sujeto y complemento directo al mismo tiempo:

Sofía *se baña* todas las noches. (Sofía se baña a sí misma).
Augusto *se lava* las heridas con frecuencia. (Augusto se lava sus
propias heridas).
Marco *se afeita* tres veces por semana. (Marco se afeita a sí mismo).

La pasiva refleja también puede tener sentido recíproco:

Los novios *se besaron* después de dar el «sí».
(Se besaron el uno a la otra, no cada quien a sí mismo).

Madre e hija *se miraron* a los ojos.
(Se miraron la una a la otra, no cada una a sí misma).

Igualmente, la construcción pronominal puede tener sentido incoativo; es decir: puede indicar el comienzo de una acción. Seco utiliza el siguiente ejemplo:

El niño *se ha dormido* (significa que «ha empezado a dormir»).

---

1 Manuel Seco, *Gramática esencial del español. Introducción al estudio de la lengua*, 3ª ed., Madrid, Espasa Calpe, 1995, pp. 115-123.

El niño ha dormido (significa que «ha terminado de dormir»).[2]

Es muy común su uso en sentido impersonal, donde no importa quién realiza la acción:

*Se vende* este terreno.
*Se compra* ropa usada.
*Se pintan* casas a domicilio.[3]

Por *uso expresivo* se entiende que el pronombre sirve únicamente para hacer énfasis, pues si no lo escribiéramos, el sentido no cambiaría en realidad:

Berta *se comió* todo el pastel. / Berta *comió* todo el pastel.
Ángel *se fumó* todo el tabaco. / Ángel *fumó* todo el tabaco.
*Me morí* (yo) de vergüenza. / *Morí* de vergüenza.

El uso del pronombre se vuelve obligatorio con algunos verbos que no pueden usarse de otra forma, como *suicidarse, arrepentirse, jactarse*.[4] Uno *se suicida* (se mata a sí mismo), *se arrepiente* uno mismo (a pesar de que *se arrepienta* de algo) o jactarse uno mismo (aunque uno *se jacte* de algo).

El actor *se suicidó* cuando se enteró de que su enfermedad era incurable.
Nadie *se arrepiente* de un beso bien dado.
No hay quien *se haya jactado* de haberse suicidado, aunque haya
sido una sola vez.

Como *pasiva media* o *construcción pronominal media* reconocemos a las oraciones en que «algo» le ocurre a «alguien» o «algo»; no es que el sujeto se haga algo a sí mismo sino que simplemente le pasa. Seco utiliza los siguientes dos ejemplos y luego los compara con el que había utilizado para explicar la pasiva refleja (que aquí también se cita):[5]

El nadador *se ha ahogado*.
(El nadador no se ahogó a sí mismo sino que solo se ahogó).

_____

2 *Ibid.*, p. 117.
3 Este no es un ejemplo de Manuel Seco, quien era demasiado *seco* como para poner este ejemplo.
4 *Ibid.*, pp. 117-118.
5 *Ibid.*, p. 118.

El puente *se ha hundido*.
(El puente no se hundió a sí mismo: solo se hundió).

A diferencia de esta pasiva refleja, «Pedro se lava después del trabajo», donde Pedro realiza la acción a sí mismo, en las dos anteriores nadie ni nada les hace algo al nadador o al puente: solo ocurre que el primero se ahoga, y el segundo se hunde.

# Apéndice 1

## Las partes de la oración

SUSTANTIVO. Nombre de cualquier persona o lugar (en estos casos el sustantivo se llama *nombre propio*), cosa, animal o concepto abstracto. Ejemplos: *libro*, *impresora*, *fotografía* (cosas); *Guillermo*, *Diego*, *María Eugenia* (nombres propios de persona); *Canadá*, *Uruguay* (nombres propios de lugar); *belleza*, *concordia*, *amor* (conceptos abstractos).

VERBO. Palabra que suele expresar acción física o anímica; puede tratarse de acciones tanto exteriores y visibles como interiores o imperceptibles. Ejemplos de verbos de acción o movimiento: *corro*, *abrieras*, *brincaron*, *comiste*. Ejemplos de verbos de acción o movimiento imperceptibles: *pienso*, *decidieses*, *odiaran*, *pudimos*. Como se ve, los verbos se conjugan; es decir, varían en número (singular o plural), persona (primera, segunda, tercera), tiempo (pasado, presente, futuro) y modo (indicativo, subjuntivo, imperativo). También pueden ser *transitivos* o *intransitivos*. Los primeros se emplean cuando hay complemento directo, y los segundos se usan cuando no lo hay.

ADJETIVO. Palabra que califica o determina al sustantivo. Le da alguna cualidad. Ejemplos: música *conmovedora*, mujeres *brillantes*, paso *lento*, libros *prohibidos*. Los adjetivos concuerdan en número y género con el sustantivo que califican.

ADVERBIO. Palabra que complementa o califica un verbo, un adjetivo u otro adverbio. Se trata de palabras invariables; es decir, no concuerdan ni en número ni en género. Ejemplos: 1) Para calificar un verbo: estudia *diligentemente*, festeja *cautelosamente*. 2) Para calificar adjetivos: una cerveza *bien* fría, una actitud *peculiarmente* negativa. 3) Para calificar otros adverbios: lo hizo *muy* bien, se disculpó *poco* amablemente.

ARTÍCULO. Hay artículos *determinados* e *indeterminados*, y existen en singular, plural, masculino y femenino.

> ARTÍCULOS DETERMINADOS (O DEFINIDOS). Los *determinados* se anteponen a sustantivos de los cuales ya se ha hablado (es decir: quien escucha o lee ya tiene conocimiento de ellos). Por ejemplo: *El* libro me gustó. (Ya sabemos de qué libro se trata). *Los* cangrejos me dan risa. *La* feria empieza mañana. *Las* tonterías del jefe son chistosísimas.

> ARTÍCULOS INDETERMINADOS (O INDEFINIDOS). Los *indeterminados* se anteponen a sustantivos de los cuales no se tenían noticias anteriormente o que no son específicos. Por ejemplo: Me gustaría tomar *un* trago. ¿Me prestas *unas* monedas? Creo que se me ocurrirá *una* idea. Hay *unos* discos que valen la pena.

PREPOSICIÓN. Palabra que indica la relación que existe entre dos elementos, el segundo de los cuales será un complemento sustantivo (también llamado *término*). Ejemplos: Estoy con la espalda *contra* la pared (el *término* es *pared*). Dejó el chocolate *en* la mesa. *Dentro* de la carta encontrarás la verdad (o: Encontrarás la verdad *dentro* de la carta). Lista de preposiciones: *a, ante, bajo, cabe, con, contra, de, desde, en, entre, hacia, hasta, por, para, según, sin, so, sobre, tras*. La preposición *cabe* («cerca de, junto a») es anticuada y casi no se usa en la actualidad. Las preposiciones son invariables: mantienen una sola forma.

CONJUNCIÓN. Palabra que enlaza dos frases u oraciones: *y* (*e*), *o* (*u*), *que, pero, ni*... Ejemplos: Me gustan maduros *y* guapos, exigieron la bolsa *o* la vida, Llegó *pero* se fue, *Ni* Míriam *ni* Carolina lo hicieron, Dijo *que* vendría.

PRONOMBRE. Palabra que se usa para designar a una persona o cosa sin emplear su nombre, sea este común o propio. Ejemplos: Él llegó, *Me* comprende a *mí*, *Les* dije la verdad, *Aquella* no me gusta.

PARTICIPIO. Los participios *activos* terminan en *-ante* o *-iente*: «pens*ante*», «dol*iente*». Los participios *pasivos* terminan en *-ado, -ido* o los irregulares (*-ito, -ierto, -echo, -eso*...): «cerr*ado*», «cumpl*ido*», «imp*reso*». Pueden tener valor adjetivo o sustantivado: *está cerrado*, *el pensante*. Los pasivos, en los tiempos compuestos, también se emplean con el verbo auxiliar *haber*: «*He* com*ido* tres veces hoy».

INTERJECCIÓN. Palabra que se pronuncia de modo exclamativo: *¡Formidable!*, *¡Magnífico!*, *¡Cuidado!*, *¡Ay!*

# Apéndice 2

El internet,
la telefonía
celular y
la lengua
castellana

Ruge una nueva batalla en las guerras culturales del siglo XXI. Tiene que ver con la manera como los jóvenes, quienes crecieron con el internet y la telefonía celular, eligen comunicarse por estas vías. Aquellos que aprendimos a escribir a lápiz, y luego con pluma, sobre hojas de papel pautadas, con ortografía impecable, tendemos a escandalizarnos al ver mensajes punto menos que indescifrables para nosotros. Aunque el encono de ambos lados es real, se trata de un falso conflicto que se debe a un malentendido.

El primer culpable en este malentendido es la tradición, que algunos llaman *inercia*. Hay personas que simplemente no quieren ver ni mucho menos vivir cambios sociales, y nuestra manera de comunicarnos por escrito es, sin duda, una cuestión social. Antes de los años 90 del siglo pasado, por ejemplo, resultaba absolutamente indispensable saber cómo armar una carta correctamente, haya sido formal, profesional, de negocios, amistad o amor. Sigue siendo importante en algunas esferas —sobre todo en el ámbito oficial, académico u otras áreas profesionales—, pero hoy en día la mayor parte de nuestra correspondencia, incluso cuando se trata de cuestiones comerciales o de negocios, se realiza por correo electrónico.

Hay quienes, desde luego, se niegan a incorporarse a la *red*, a usar el internet. Muchas personas ni siquiera son dueñas de una computadora ni piensan *entrarle al juego*. Tal vez no sean luditas[1] pero ven las nuevas tecnologías con

---

[1] Seguidores del *ludismo*, un movimiento de principios del siglo XIX en Gran Bretaña, opuesto a la mecanización del trabajo. Por extensión, se aplica el término a todo aquel que recela de las nuevas tecnologías y que solo se siente cómodo con medios mecánicos tradicionales.

suspicacia y suspiran por los *buenos tiempos* cuando ellos formaban parte de la vanguardia. La historia, sin embargo, los ha dejado atrás y ellos no han querido ponerse al corriente. Están en su derecho pero nuestras decisiones traen consecuencias. Hoy en día muchos trámites y servicios solo se realizan y ofrecen, respectivamente, por internet.

Sin embargo, se comprende su frustración. Las nuevas tecnologías avanzan a una velocidad pasmosa, y cuanto más se desarrollan, más extrañas y amenazadoras pueden parecer. Tendemos a equiparar todos los males de la sociedad actual —que son muchos— con aquello que vio la luz durante el mismo periodo. Así, en la mente de los que niegan, ningunean o desprecian las nuevas tecnologías y las costumbres que han engendrado, puede haber una correlación entre estas nuevas tecnologías y lo que ellos ven como una espiral descendente en la calidad de vida en general, y de la suya en particular, aunque la establezcan de manera inconsciente.

Pero el que dos fenómenos coincidan en el tiempo no quiere decir que uno haya provocado el otro. Correlación no equivale a causalidad. Como todos los prejuicios a los cuales recurrimos cuando no tenemos tiempo ni ganas de pensar en términos lógicos, el prejuicio en contra de lo nuevo es fácil y cómodo, como otros que nos evitan la molestia de razonar: prejuicios en contra de personas de otra religión, raza, preferencia sexual, color, etnia, idioma...

Habíamos hablado de la tradición como el «primer culpable» de este malentendido. Pero no es la única. También tienen lo suyo todos aquellos que le dan la espalda a su historia, su tradición, y solo viven en un presente perpetuo, un continuo. El peligro que engendra esta actitud radica en su falta de perspectiva, y sin dicha perspectiva no puede haber pensamiento analítico, no puede haber crítica. Cuando se vive así, todo se nivela y adquiere el mismo valor porque no hay puntos de comparación. Da lo mismo una sonata de Mozart, por ejemplo, que una canción de rap o una mezcla digital. Es más: por el predominio del rap y las mezclas digitales en los medios electrónicos, la sonata de Mozart difícilmente podrá ser escuchada, simplemente porque no tiene cómo destacar en sitios donde la velocidad, el volumen y la inmediatez lo son casi todo. Para que pueda apreciarse la sonata se requiere tiempo, silencio de fondo y una cabeza despejada y dispuesta a escuchar sonidos y relaciones sonoras *nuevas*; por lo menos serían nuevas para aquellos acostumbrados a los altos decibeles y la repetición banal, mecánica y monótona de las percusiones que suelen regir la música popular sintetizada precisamente a partir de los nuevos medios digitales.

Pero aquí tenemos una clave importante para comprender esta batalla, que no es más que un falso conflicto, como sugerí antes. Del mismo modo en que los nuevos medios pueden emplearse para crear música desechable, que se olvida —felizmente— a las dos semanas de su introducción, también podemos recurrir a los nuevos medios digitales para crear sonidos y formas musicales de gran inventiva que jamás podrían haber sido posibles antes del surgimiento de las computadoras y todas las nuevas herramientas que han traído. Actualmente, un compositor joven sin mucho dinero y sin acceso a las altas esferas culturales de su país puede escuchar cómo suena la pieza que acaba de componer —sea una sinfonía o cualquier otra forma musical, conocida o absolutamente novedosa—, como si hubiera contratado a músicos de carne y hueso para tocarla, o tal vez *mejor*, dado que puede tratarse de sonidos imposibles de reproducir con instrumentos tradicionales. Únicamente requiere una computadora personal y *software* especializado para sintetizar los sonidos que ha incluido en su partitura. En los viejos tiempos solo podría haberla *escuchado* en su cabeza o en una reducción pianística. Las posibilidades son infinitas y para todos los medios: radio, cine, video, internet, *happenings*, *performances* y un *etcétera* tan largo como la imaginación y creatividad de cada quien.

Con lo anterior entendemos que las herramientas son un medio, no un fin en sí mismas. Lo que importa es el resultado. Aun a los más tradicionalistas, cuando escuchan música que los conmueve por alguna razón, no les importa si el compositor recurrió a la computadora o si empleó métodos puramente tradicionales. Pero eso sí: los medios digitales multiplican las posibilidades creativas exponencialmente. El secreto está en conocer, dominar y explotarlas con sabiduría. Algo parecido sucede con los idiomas naturales y, en lo que nos concierne aquí de manera específica, la lengua castellana. Su cruce con los nuevos medios digitales no tiene por qué asustar a quienes nos criamos sin computadoras ni teléfonos celulares. No es necesario que nos escandalicemos cuando vemos cómo se escriben entre sí los jóvenes en sus chats y mensajes SMS.[2] Debemos entender, en primer lugar, que estas nuevas formas de comunicación no surgieron accidental o mefistofélicamente sino que son producto natural de los medios que las engendraron. Se trata de herramientas que privilegian la inmediatez en tiempo y espacio. Tienden a favorecerse aquellos mensajes que vayan y vengan velozmente y que ocupan poco espacio. Para que esta inmediatez funcione, entonces, se requiere un nuevo lenguaje que le dé cabida y salida. Tampoco es accidental que se haya dado en prácticamente todos los idiomas hablados por quienes usan computadoras y teléfonos celu-

---

2 *Short Message Service*: Servicio de Mensajes Cortos. Se llaman también «mensajes de texto». Existen nuevos verbos que se emplean como sinónimos de enviar mensajes breves por teléfono: *textear* y *mensajear*.

lares: inglés, francés, español, alemán, portugués, ruso, catalán, etcétera. Y no se trata de ciegas imitaciones del inglés. Cada idioma ha desarrollado sus propios códigos, aunque —ciertamente— hay préstamos entre sí, como suele suceder con los idiomas naturales.

Es aquí, sin embargo, donde se oculta el peligro de no comprender el fenómeno. Por un lado están los *mayores* que se horrorizan ante palabras como *d2* (dedos), *kmple* (cumpleaños) o *mpzo* (empiezo), más todos los emoticonos que se emplean para dar a entender que estamos bromeando, que estamos tristes, enojados, muertos de la risa... Pero por el otro lado están los que escriben con estas nuevas grafías de manera acrítica, que pierden de vista lo que en realidad sucede: *están escribiendo taquigrafía*.

La taquigrafía tiene una historia larga que empieza con los griegos antiguos. La palabra proviene del griego *taxos* (velocidad) y *grafos* (escritura). Se trata, entonces, de *escritura rápida*, exactamente lo que emplean los jóvenes en sus chats y mensajes telefónicos. Se emplea la taquigrafía, también llamada *estenografía*, en muchas salas judiciales y, hasta hace poco, se usaba en gran cantidad de empresas donde las secretarias (casi exclusivamente de sexo femenino) tomaban dictado utilizando alguno de los sistemas taquigráficos principales, como el de Gregg, Pitman o Graham. Hay quienes aún dictan a sus secretarios pero cada vez más ejecutivos utilizan el correo electrónico y los servicios de mensajería (*chats* internos o comerciales como el Messenger) para girar instrucciones, o los emplean directamente para comunicarse dentro y fuera de sus oficinas.

Para comprender bien lo que sucede, debemos darnos cuenta de que la taquigrafía pretende captar el lenguaje oral. Cuando la escritura aún era un fenómeno relativamente nuevo, tal vez no había mucha diferencia entre los lenguajes oral y escrito. Pero a lo largo de los más de cinco milenios que tenemos de ensayar la escritura —sobre todo a partir del invento de Gutenberg—, hemos ido afinando el lenguaje escrito a tal grado que ya existe en otro nivel, aparte del oral, con el cual teníamos, como especie, por lo menos 50 mil años de práctica, si no más. Desarrollamos, pues, el lenguaje escrito a partir de sus deficiencias frente al lenguaje oral, que emplea herramientas extralingüísticas para ser expresivo: gestos, ademanes, lenguaje corporal en general, contacto visual, tono de voz, velocidad, etcétera. También se goza de conocimientos que solo la presencia física de una persona puede brindar, y que en un escrito pueden quedar velados o ambiguos: contexto socioeconómico del autor, edad y, en ciertos casos, sexo (hay nombres que pueden pertenecer por igual a hombres que a mujeres, puede ocultarse el sexo del que escribe, o se puede dar a entender que se trata del escrito de una mujer cuando en realidad pertenece a un hombre, entre otras posibilidades). Este desarrollo del lenguaje escrito —que empezó su época de esplendor en tiempos de la Biblia y la poesía épica, y que aún continúa— nos ha llevado a una escritura que en muchos sentidos supera al lenguaje oral. Para decirlo de otro modo, hemos aprendido a manejar las palabras escritas de tal manera que sugieren y precisan mucho más de lo que podríamos hacer en una conversación común y corriente. Si bien en la oralidad está el origen de todas las artes y obras del pensamiento, la poesía, narrativa, ensayística y ciencias que hemos desarrollado a partir de la escritura han llevado nuestro conocimiento a niveles jamás sospechados por los creadores clásicos. No obstante, me cuido de afirmar que lo nuestro sea superior. Lo que sí puede afirmarse es esto: en la actualidad hay un abismo entre el lenguaje oral y el escrito. Poseen funciones y fines muy diferentes.

El lenguaje oral sirve para mucho. Es inmejorable para conversar, intimar con nuestros semejantes, intercambiar información inmediata de toda clase. El lenguaje escrito, por otro lado, es insustituible para desarrollar ideas, obras de arte literario y aun dramático (que es, paradójicamente, oral); para explicar el funcionamiento de sistemas complejos, sean mecánicos, matemáticos, cibernéticos o filosóficos. Además, el lenguaje escrito está pensado para durar, y puede durar milenios: trasmite, con toda precisión, el conocimiento de una generación a las que siguen.

Las palabras dichas en voz alta, como reza el adagio, se las lleva el viento, y las garabateadas taquigráficamente en el Messenger, Twitter o WhatsApp, se las lleva el viento cibernético. La batalla cultural a la cual aludimos al principio, entonces, tiene que ver con la confusión que existe entre estos dos lenguajes, confusión que brota precisamente cuando uno piensa que puede aplicar las nuevas técnicas escriturales de los chats y WhatsApp en el lenguaje escrito formal, algo que solo sucede espontáneamente entre los más jóvenes, los *nativos digitales*, quienes nacieron entre computadoras y teléfonos celulares. Por esto se trata, en esencia, de una batalla y un equívoco generacionales. Para decirlo pronto, el *chat* no es tanto un nuevo lenguaje como una nueva taquigrafía.

Por un lado, están los jóvenes que creen estar escribiendo —redactando— en sus chats cuando, en realidad, están conversando por escrito, *taquigráficamente*. Si el mensaje se comprende, no importa la grafía que se emplee para trasmitirlo. Mientras más rápido y comprensible sea, mejor. Si es rápido mas no comprensible, no sirve; si se comprende pero no cumple con la velocidad requerida, falla.

Por el otro lado están los tradicionalistas que prácticamente entran en convulsiones cuando ven cómo sus hijos escriben mensajes telefónicos y la manera en que se expresan en sus chats. Como suele suceder con las jergas y jerigonzas, los de fuera —en este caso los mayores— pueden sentirse amenazados al no comprender fácilmente esta *escritura*. Y los jóvenes, naturalmente, podrán reírse ante la ignorancia de sus padres, tíos y maestros.

Ambos grupos están en una equivocación. El segundo —el de los tradicionalistas— se siente reivindicado cuando los del primero —los *chateros*— llevan, inopinada y acríticamente, su taquigrafía al terreno de lo académico o a foros generales más abiertos. Los mayores, complacidos como si se tratara de una venganza, señalan los *horrores* ortográficos, sintácticos y gramaticales y lamentan la pobreza léxica y expresiva que aqueja a las nuevas generaciones. Y estas se quejan de lo anticuado de sus progenitores, los *rucos*, los que *no agarran la onda*.

Ninguno de estos grupos culturales —ni los jóvenes ni los mayores— parece comprender que están hablando de dos lenguajes diferentes. Es preciso separarlos. Resulta difícil negar que la oralidad de los chats ha invadido el terreno de lo escrito. Estos y los mensajes enviados por celular solo pueden ser considerados *escritura* porque emplean grafías, pero en todo lo demás responden a los imperativos de la conversación. De nuevo: se trata de la oralidad taquigráfica. Y, en efecto, el oral es un lenguaje pobre frente al escrito cuando este se maneja bien, con todas las herramientas que hemos desarrollado en los últimos cinco mil años, más o menos.

Ha sido así desde hace muchos siglos: lo oral, en general, no puede competir con la buena escritura en riqueza de vocabulario, formas sintácticas, complejidad de estructuras. Para que la oralidad sea competitiva en este sentido, hace falta que la practique un gran maestro. Pero 99.99% de quienes conversamos, no somos grandes maestros sino personas comunes y corrientes que emplean el lenguaje oral para comunicar mensajes inmediatos. Por eso, quienes actualmente estudian en escuelas primarias, secundarias y preparatorias, necesitan tener muy claro que, por un lado, está la escritura, y que por el otro está la taquigrafía que emplean para conversar por internet o teléfono celular. Si en su mente y en la realidad exterior logran separar los dos fenómenos, no habrá problema. Pero si piensan que todo el mundo va a comprender su taquigrafía, están equivocados. No es la *lingua franca* de todos los hablantes. Y ninguna taquigrafía lo ha sido, precisamente por sus limitaciones.

Los mayores, por su parte, deben bajar su nivel de histerismo. ¿Qué tiene de malo que los jóvenes se entiendan mediante una taquigrafía incomprensible para los *adultos*? Los padres de familia pueden, incluso, aprenderla. No es nada del otro mundo, aunque a primera vista pueda parecernos agresiva, como cuando dos personas susurran entre sí en un idioma extranjero mientras nos ven y se ríen.

Lo que debe quedar claro, tanto para tirios como para troyanos, es que la escritura formal —la redacción y las artes literarias— es un fenómeno aparte, muy diferente de la oralidad de la cual participan los chats. Nadie sabe si una o más manifestaciones de esta nueva taquigrafía llegarán a penetrar y quedarse en la lengua escrita. Es posible, y si así sucede, será seguramente algo positivo, gracias a su expresividad. Y si no ocurre, habrá sido porque a los hablantes, en general, les habrán parecido expresiones pobres frente a palabras, frases y oraciones de estructura más tradicional.

Los idiomas naturales evolucionan constantemente. El oral tiende a impulsar al escrito, pero este fija y da brillo a la lengua en general, sea escrita u oral. No debemos reprimirnos en ningún sentido. Debemos ser espontáneos cuando conversamos, sea por *taquigrafía* o en persona. Pero no olvidemos que la escritura es un ejercicio de pensamiento, análisis y crítica. La usamos para relacionarnos con la inmensa complejidad que nos rodea, dentro de la cual existimos y coexistimos. Por esto, la escritura debe ser clara y precisa para la mayor cantidad posible de lectores. Esto requiere el dominio del léxico, la gramática, la sintaxis, la ortografía y la puntuación. Como decimos en México, no es *enchílame otra*. Pero tampoco es imposible.

Que cesen las hostilidades. Que cada quien hable como quiera, como pueda, como Dios le dé a entender. Y si uno habla bien, de manera clara y convincente, ¡tanto mejor! Pero si vamos a escribir, procuremos hacerlo de modo que todo el mundo —no únicamente nuestro entorno inmediato— pueda comprender nuestras ideas, nuestras emociones, todo aquello que somos y que deseamos trasmitir a nuestros semejantes de ahora y a los que nos leerán cuando ya no estemos físicamente para explicarnos.

# Apéndice 3

## Diez mandamientos de la buena redacción

I. No encabalgarás.

II. No separarás el sujeto del núcleo del predicado con una coma.

III. No pondrás una coma antes de paréntesis, corchetes o rayas parentéticas.

IV. No usarás dos puntos para anunciar una serie, enumeración o lista, a menos que la oración anterior sea gramaticalmente completa.

V. No usarás el sujeto tácito si esto puede provocar confusión.

VI. Pon una coma antes de y para romper una serie o para que esta no se establezca; ponla después de y para introducir un inciso.

VII. Guardarás los tiempos verbales y su lógica relativa.

VIII. Memorizarás las reglas de acentuación como si tu vida de ello dependiera.

IX. Usarás el diccionario en la mañana, tarde y noche, y siempre buscarás la palabra justa que exprese tus ideas de manera cabal.

X. Antes de escribir, piensa muy bien qué deseas expresar; si tú no lo sabes, mucho menos lo sabrán aquellos que van a leerte.

# Bibliografía
# y fuentes
# de consulta
# en línea

ALARCOS LLORACH, Emilio, *Gramática de la lengua española*, 1ª reimp. de la 1ª ed., Madrid, Espasa Calpe-Real Academia Española (Colección Nebrija y Bello), 2000.

Fundéu BBVA (Fundación del Español Urgente, patrocinada por la Agencia Efe y BBVA, y asesorada por la RAE): http://www.fundeu.es/

GILI GAYA, Samuel, *Curso superior de sintaxis española*, 15ª ed., Barcelona, Bibliograf (Vox), 1998.

GRIJELMO, Álex, *La gramática descomplicada*, 6ª reimp. de la 1ª ed., México, Santillana-Taurus, 2010.

LARA, Luis Fernando (dir.), *Diccionario del español usual en México*, México, El Colegio de México, Centro de Estudios Lingüísticos y Literarios, 1996.

MARTÍNEZ DE SOUSA, José, *Manual de estilo de la lengua española (MELE 3)*, 3ª ed., Gijón, Trea, 2007.

MERINO, María Eugenia, *Escribir bien, corregir mejor: corrección de estilo y propiedad idiomática*, 1ª reimp. de la 2ª ed., México, Trillas, 2010.

MOLINER, María, *Diccionario de uso del español*, 2 ts., 2ª reimp. de la 2ª ed., Madrid, Gredos, 1999.

MORENO DE ALBA, José G., *Minucias del lenguaje*, 3ª reimp. de la 1ª ed., México, Fondo de Cultura Económica, 1998.

REAL ACADEMIA ESPAÑOLA, *Diccionario de la lengua española*, 2 ts., 22ª ed., Madrid, Espasa Calpe, 2001. [También se consultaron en línea los artículos enmendados de los avances de la 23ª edición: www.rae.es/rae.html].

REAL ACADEMIA ESPAÑOLA Y ASOCIACIÓN DE ACADEMIAS DE LA LENGUA ESPAÑOLA, *Diccionario panhispánico de dudas*, Madrid, Santillana, 2005.

_____, *Nueva Gramática de la lengua española*, 2 ts., Madrid, Espasa Libros, 2009.

_____, *Ortografía de la lengua española*, Madrid, Espasa Libros, 2010.

SECO, Manuel, *Diccionario de dudas y dificultades de la lengua española*, 3ª reimp. de la 1ª ed., México, Espasa Calpe, 1995.

_____, *Gramática esencial del español. Introducción al estudio de la lengua*, 3ª ed., Madrid, Espasa Calpe, 1995.

_____, *Gramática esencial de la lengua española*, 4ª ed., Madrid, Espasa Calpe, 1996.

# Índice